禅

孙郡锴/编著

火热人生中的一部清凉书

给大忙人读的

禅书的

中国华侨出版社

图书在版编目（CIP）数据

给大忙人读的禅书/孙郡锴编著 . —北京：中国华侨出版社，2009.6

ISBN 978 - 7 - 80222 - 969 - 3

Ⅰ. 给… Ⅱ. 孙… Ⅲ. 禅宗—通俗读物 Ⅳ. B946.5 - 49

中国版本图书馆 CIP 数据核字（2009）第 081144 号

●给大忙人读的禅书

编　　著/孙郡锴

责任编辑/文　慧

经　　销/新华书店

开　　本/710×1000 毫米　1/16　印张 15　字数 240 千字

印　　数/5001～10000

印　　刷/北京一鑫印务有限责任公司

版　　次/2013 年 5 月第 2 版　2018 年 3 月第 2 次印刷

书　　号/ISBN 978 - 7 - 80222 - 969 - 3

定　　价/29.80 元

中国华侨出版社　　北京市朝阳区静安里 26 号通成达大厦 3 层　　邮编 100028

法律顾问：陈鹰律师事务所

编辑部：(010) 64443056　　64443979

发行部：(010) 64443051　　传真：64439708

网　址：www.oveaschin.com

e - mail：oveaschin@ sina.com

前　言

　　这婆娑世界便是一片苦海，无论如何都难逃尘世的重压，却又一切尽如镜花水月，繁华过后终成空。无论悲喜，哭过笑过之后，亦为罔然。所以，看惯这尘世浮华之人，苦求解脱，却终是心有余而力不足。于是，依附于禅。那么禅为何物？事实上，禅的本质极其简单，只要放下知见分别、远离价值判断取舍贪著，透彻地直指事物本身，就可以明心见性。

　　然而，这世间有几人可以放下、远离、不贪？所以虽经苦修，却依然难成正果。所以，我们不必强求真实的解脱，只需将一颗狂躁、贪恋、执著的心放平和一点，再平和一点，不要太过狂躁、贪恋、执著，就会活得比原来真实、快乐。

　　我们不要老得太快，却聪明得太迟。人生算起来也不过是3万天左右的时间。倘若总是在匆忙的追逐中不得闲暇，不得安恬和快乐，岂不太痛苦？放下执著的贪恋、一切随缘、一切随性。那些曾经拥有的就让它远去，那些未来无知的就让它慢慢靠近，我们只抓住现在拥有的，感受真实的酸甜苦辣。这就是禅告诉你的简单生活。

累了的时候还是看一看那窗外的风景吧。那湛蓝湛蓝的天、洁白悠闲的云、娇艳欲滴的花可以证明你曾经在此驻足停留……

目　录

第一章　悟心悟性：
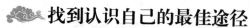 找到认识自己的最佳途径

"天上地下，惟我独尊。"佛陀一生下来就指天指地说了这句话，揭示人自身之可贵，绝对不可替代。恒河有万沙，但每粒沙都宝贵。所以，人不应从外物取物，要从内心取心。

目录

CONTENTS

第二章　悟苦悟乐：
做苦海中一个快乐的人

佛陀说："极乐世界"，这不是一张空头支票，而是真实的。人心欢乐时，整个世界都是美好的。如何得欢乐心？那就要做欢乐人：无愧、无执、无怒。

第三章　悟富悟贫：
不要让自己做一个心理的穷人

佛陀说："无执"，指出"有执"是自毁本性。手上抓的东西多了，最后你会一样都抓不住。外物无限，但你心力有限。好东西要都要不完，反会断送自己。

第四章　悟生悟死：

正确面对生死

佛陀说："不应取法"，讲万法归宗，真正的法只有一个，就是永恒的、不生不灭的自在法。你与死亡同体。所有生命都应该感谢死亡，因为如果没有它的限制，我们就真的死亡了。畏死者求生，怕黑的人自身放射光芒。

第五章　悟进悟退：
自由进退、智者长存

佛陀说："应无所往"，也就是说不可停留。在你停留的地方，就是你的路终止的地方。

目录

CONTENTS

第六章　悟守悟立：
变通当随时随势

佛陀说："万法无滞"，你不停留，便不被困住，在该流动和超越的空间里，如果你依然保持原有的状态就只能被淘汰和遗忘。

第七章　悟爱悟恨：
爱恨因缘而起

佛陀说："色不异空。"指出空（虚无）与色（实有）相依存，当你感觉空虚时，你就获得了实实在在的空虚。这是你最大的收获，你将根据你收获的空虚收获等量甚至超量的快乐与幸福。

第八章　悟宽悟严：
宽严有度则可自在安乐

佛陀说："能安忍之人，以安忍庄严其身，遇事皆能忍，安忍又为勤勉之人，所必有之行持。又修行之人，亦仗安忍之力，为自己之力，因安忍一事，能带来大福大乐。"

第九章　悟善悟恶：
永为善事，永为善人

佛陀说："非身是名大身。"讲大身（大我）来自非身（非我）。要想修成金刚不坏之身，成就万世基业，就要把自己交给众人，这样才能完善自我，引领众生。

目录 CONTENTS

第十章 悟得悟失：
怀一颗平常心对待得失利害

佛陀说："应无所住。"就是要我们去掉执著心，不要执著于某个目标，不要为求一点，而失掉一面。因为你只有一个，而目标却可以是很多个。

第十一章 悟清悟浊：
糊涂的活着比清醒时更快乐

有的事不明白就不会牵肠挂肚，就会少一分烦恼。佛陀说："一切万法不离自性。"就是说人不可自寻烦恼，人说我痴，我就痴给他看。

第十二章　悟礼悟道：

礼遇他人于己无害

佛陀说："入于人群中，自未知他人，他人未自知，不应心自恃。"那些在人性上冷漠傲慢的人，很容易遭到突然的失败，而那些有礼有节、有爱心的人则可以得到人们加倍的尊敬和爱戴，并可因此获得持续不断的成功。

第十三章　悟高悟低：
不要将自己凌驾于他人之上

佛陀说："留连众生。"是讲人必然在众人中做人。佛陀当初抛弃的也只是王位，并非众生。我们都是众生，所以，不要以为我们自己就高于他人之上。

第一章

悟心悟性
找到认识自己的最佳途径

　　"天上地下，惟我独尊。"佛陀一生下来就指天指地说了这句话，揭示人自身之可贵，绝对不可替代。恒河有万沙，但每粒沙都宝贵。所以，人不应从外物取物，要从内心取心。

1. 人应有自知之明

你我皆凡人，却总妄想做一个非凡人，知物之好坏，而希望得其精而弃其糟，恨不能网天下之精华尽收己囊。正如佛陀所说："不应取法，不应取非法。"明白自己的自身条件才是取诸于外的资本。如果你只知道要取物之精华而不知自己有没有与之相对等的能力，那就该是你一生中最大的憾事了。所以，人贵有自知之明。

南岳怀让禅师有一弟子名叫马祖，马祖在般若寺时整天盘腿静坐，苦思冥想。怀让禅师便问他："你这样盘腿而坐是为了什么？"

马祖答道："我想成佛。"

怀让禅师听完后，拿了一块砖，在马祖旁边的地上用力地磨。

马祖问："师父，你磨砖做什么？"

怀让禅师答道："我想把砖磨成镜子。"

马祖又问："砖怎么能磨成镜子呢？"

怀让说："砖既不能磨成镜，那么你盘腿静坐又岂能成佛？"

马祖问道："要怎么才能成佛呢？"

怀让答道："就像牛拉车子，如果车子不动，你是打车还是打牛呢？"

马祖恍然大悟。

当砖不具有成镜的特性时，你永远都无法把它磨成镜子。相对于人而言，这种道理同样适用。你永远是你，我永远是我。即使再加以雕饰，刻意模仿都无法彼此替代。因为这是由各自的特性决定的。而这种特性又决定了各自的生存方式和生存状态。所以，你不必羡慕别人的优越之处，也不用诋毁别人的缺点。说不定你有比别人更优越的地方，只是你不认识自己那光明的一面。也说不定你在诋毁别人缺点的时候，自己正犯着同样的错误，做着相同的傻事。只是你不认识自己那黑暗的一面。

人贵有自知之明，只有自知才能正确地评价自己，才不会犯蚍蜉撼大树的错误，也不会畏首畏尾错失良机。仔细地观照自己的内心世界。在喧嚣的尘世留一片可以静憩身心的领地，倦时燃一炷兰香，悠然独坐，也许你可以突然顿悟、参透人生的玄机——知己察己，方能取外物之精华而弃外物之糟粕。尤如伯乐识马，韩愈在《马说》里慨叹："世有伯乐，然后有千里马，千里马常有而伯乐不常有。"韩愈意在慨叹人生际遇之不平。然而，你若无千里之才，安能稳享千里马之遇？你若无伯乐之智，安能识世间良驹？所以，要求诸于外必应先求诸于内。

我们最想改变外物，最难改变自己。然而，却不知想要改变外物必须先要改变自己。而要改变自己，必须先要认清自己。

2. 尊重自己的本性

凡法俗事的纷繁芜杂使我们渐染失于心性的杂色。每一次的呈现都多了一点修饰，每一次的语言都少了一分真实。习惯于疲惫的伪装，总以为这样就可以赢得更多，过得更好。蓦然回首，那些希冀着的，仍需希冀，那些渴盼着的，仍需渴盼。惟独改变了的是自己的本性。扪心自问："我是否在意过自己最真实的内心世界？尊重过自己的本性？"心会告诉你那个最真实的答案。有多少人曾想过改变自己，以追逐想要的一切，到头来才发现，自己做了一个邯郸学步的寿陵少年，不仅没有得到自己想要的，还丢了自己最初拥有的。那么，当初为什么就不能尊重自己的本性，做那个最真的自己？也许正是因为没有彻悟。

文喜禅师去五台山朝拜。到达前，晚上在一茅屋里住宿，茅屋里住着一位老翁。文喜就问老翁："此间道场内容如何？"

老翁回答道："龙蛇混杂，凡圣交参。"

文喜接着问："住众多少？"

老翁回答："前三三、后三三。"

文喜第二天起来，茅屋不见了，只见文殊骑着狮子步入云中，文喜自悔有眼不识菩萨，空自错过。

文喜后来参访仰山禅师时开悟，安心住下来担任煮饭的工作。一天他从饭锅蒸汽上又见文殊现身，便举铲打去，还说："文殊自文殊，文喜自文喜，今日惑乱我不得了。"

文殊说偈云："苦瓜连根苦，甜瓜彻蒂甜，修行三大劫，却被这僧嫌。"

有时我们因总把眼光放在外界，追逐于自己所想的美好事物，常常忽视了自己的本性，在利欲的诱惑中迷失了自己。所以才终日心外求法，因此而患得患失。如果能明白自己的本性，坚守自己的心灵领地，又何必自悔自恼呢？

诗人卞之琳写道："你站在桥上看风景，看风景的人在楼上看你。"带着妻儿到乡间散步，这当然是一道风景；带着情人在歌厅摇曳，也是一种情调；大权在握的要员静下心来，有时会羡慕那些路灯下对弈的老百姓，可是平民百姓没有一个不期盼来日能出人头地的；拖家带口的人羡慕独身的自在洒脱，独身者却又对儿女绕膝的那种天伦之乐心向往之……

皇帝有皇帝的烦恼，乞儿有乞儿的欢乐。乞儿的朱元璋变成了皇帝，皇帝的溥仪变成了平民，四季交错，风云不定。一幅曾获世界大赛金奖的漫画画出了深意：第一幅是两个鱼缸里对望的鱼，第二幅是两个鱼缸里的鱼相互跃进对方的鱼缸，第三幅和第一幅一模一样，换了鱼缸的鱼又在对望着。

我们常常会羡慕和追求别人的美丽，却忘了尊重自己的本性，稍一受外界的诱惑就可能随波逐流，事实上，每一个人都有自己独有的优点和潜力，只要你能认识到自己的这些优点，并使之充分发挥，你也必能成为某一领域的领军人物。

王羲之的伯父王导的朋友太尉郗鉴想给女儿择婿。当他知道丞相王导家的子弟个个相貌堂堂，于是请门客到王家选婿。王家子弟知道之后，一个个精心修饰，规规矩矩地坐在学堂，看似在读书，心却不知飞到哪儿去了。惟有东边书案上，有一个人与众不同，他还像平常一样很随便，聚精会神地写字，天虽不热，他却热得解开上衣，露出了肚皮，并一边写字一边无拘无束地吃馒头。当门客回去把这些情形如实告知太尉时，太尉一下子就选中了那个不拘小节的王羲之。太尉认为王羲之是一个敢露真性情的人。他尊重自己的本性，不会因外物的诱惑而屈从盲动，这样的人可成大器。

所以，做人没有必要总是做一个跟从者，一个旁观者，只需知道自己的本性就足可以成为一道风景。不从外物取物，而从内心取心，先树自己，再造一切，这才是你首先要做的。

 悟 语

知道尊重自己本性的人才不至于迷失了自己，也才能清晰地看清自己要走的路。然而，这世间有几人尊重了自己的本性？

3. 任心清净

有一位虔诚的佛教信徒，每天都从自家的花园里，采撷鲜花到寺院供佛。

一天，当她正送花到佛殿时，碰巧遇到无德禅师从法堂出来，无德禅师非常欣喜地说道："你每天都这么虔诚地以香花供佛，来世当得庄严相貌的福报。"

信徒非常欢喜地回答道："这是应该的，我每天来寺礼佛时，自觉心灵就像洗涤过似的清凉，但回到家中，心就烦乱了。我这样一个家庭主妇，如何在喧嚣的城市中保持一颗清净的心呢？"

无德禅师反问道："你以鲜花献佛，相信你对花草总有一些常识，我现在问你，你如何保持花朵的新鲜呢？"

信徒答道："保持花朵新鲜的方法，莫过于每天换水，并且在换水时把花梗剪去一截；因为花梗的一端在水里容易腐烂，腐烂之后，水分就不易吸收，就容易凋谢！"

无德禅师道："保持一颗清净的心，其道理也是一样。我们生活的环境像瓶里的水，我们就是花，惟有不停净化我们的身心，变化我们的气质，并且不断地忏悔、检讨、改进陋习、缺点，才能不断吸收到大自然的食粮。"

信徒听后，欢喜地作礼，并且感激地说："谢谢禅师的开示，希望以后有机会亲近禅师，过一段寺院中禅者的生活，享受晨钟暮鼓、菩提梵唱的宁静。"

无德禅师道："你的呼吸便是梵唱，脉搏跳动就是钟鼓，身体便是庙宇，两耳就是菩提，无处不是宁静，又何必等机会到寺院中生活呢？"

是啊，热闹场中亦可作道场；只要自己丢下妄缘，抛开杂念，哪里不可宁静呢？如果妄念不除，即使住在深山古寺，一样无法修行。

正如六祖慧能所说不是风动、不是幡动是人者心动。心才是无法宁静的本源。

有一位青年，因为受了一些挫折变得非常忧郁、消沉。有一次他去海边散步，碰巧遇到以前的一位朋友，这位先生正好是一位心理医生。

于是青年就向这位医生朋友诉说他在生活、社会及爱情中所遭受的种种烦恼，希望朋友能帮他解脱痛苦，斩断生命的烦恼。

安静沉默的医生朋友，似乎没听这位青年的诉说，因为他的眼睛总是眺望着远方的大海，等到青年停止了说话，他自言自语地说："这帆船遇到满帆的风，行走得好快呀！"

青年就转过头看海，看到一艘帆船正乘风破浪前进，但随即又转回去了；他以为医生朋友并没有听懂他的意思，于是就加重语气诉说自己的种种痛苦，生活中的烦恼、爱情的坎坷、社会的弊病、人类的前途等等问题已经纠结得快要让他发狂了。

医生朋友好像在听，又好像不在听，依然眺望着海中的帆船，自言自语地说："你还是想想办法，停止那艘行走的帆船吧！"

说完，就转身离去了。

青年感到非常茫然，他的问题没有得到任何解答，只好回家了。过了几天，他主动去找那位医生朋友了。一进门他就躺在地上，两脚竖起，用左脚脚趾扯开右脚的裤管，形状正像一艘满风的帆船。

医生朋友有点惊讶，接着就会心地笑了，随手打开阳台上的窗户，望着远处的山对青年说："你能让那座山行走吗？"

青年没有答话，站起来在室内走了三四步，然后坐下来，向医生朋友道谢，说完就离开了；走时神采奕奕，好像对生活充满了希望，不见了当初的消沉、颓废。

医生朋友事实上并未回答青年的问题，青年自己找到了答案。医生朋友的话让青年明白了，解决生活乃至生命的苦恼，并不在苦恼的本身，而是要有一个开阔的心灵世界；人们只有止息心的纷扰，才不会被外在的苦恼所困扼，因此要解脱烦恼，就在于自我意念的清净，正如在满风时使帆船停止。

在生活中，我们每个人都像那被情感、家庭、社会所缠绕的青年一样，找不到安心的所在；惟有像佛祖一样讲觉悟，好好地在自己的身上下功夫，从内心的观照里，去改正自己的一言一行，才不至于觉得无休止的劳苦。

外在的纠葛、攫取太多，心就没有办法安宁，更无法净化；人对外在无限制地索取，常常是以支付心灵的尊严为代价的。我们应该抬起头来，看看屋外的松林，听听松涛的呼唤，眺望远处的大海以及满风的帆船，我们的心中会有对生命新的转移与看待。

每天让自己沉静几分钟，不要随着外在事物流转而变动，不要放弃洗涤自己、净化自己。把心放在可以安定的位置，任凭风浪起，稳坐钓鱼台！

悟语

你且静看那莲花初绽，出于淤泥，却依旧心净气洁，不染尘丝。你心比莲心，自是莲心更比人心净。

4. 心定则事定

我国古代大文豪苏东坡一向认为自己的定力很高，很是得意，他写了一道诗偈，说：

稽首天中天，毫光照大千。

八风吹不动，端坐紫金莲。

苏东坡自夸一番，然后派仆人划船过江，送给佛印和尚观赏。不料，佛印接过一看，立即把诗偈掷地，还骂了一句："狗屁不通！"

仆人回去和苏东坡一说，苏东坡气得直吹胡子，马上过江来找佛印评理。

苏东坡来到佛印住地，老远就嚷道："佛印，刚才我派人送诗偈请教，若有不妥之处，只管明白开示，何故出言不逊，说我狗屁不通呢？"

佛印笑着问他："你不是说'八风吹不动'吗？为何我只放了一个屁，你就坐不住了，急着过江来找我算账呢？"

苏东坡一听，这才恍然大悟，心想："我自视定力不错，故言八风吹不动，端坐紫金莲。哪知让这和尚轻轻一扇，自己就沉不住气了，我的定力何在呢？"苏东坡忍不住笑了，只好打趣自嘲："只说八风吹不动，谁知一屁过江来……"

看来，这位大文学家虽写得锦绣文章，心理承受能力还是差些，一有风吹草动，定力全无。

留意你身边的人和事，许多时候你会发现，有些人真可谓是机关算尽太聪明，凭着那么聪明的头脑，干一番惊天动地的大事业绝对是游刃有余。然而，他们并没有像我们猜想的那样，事业有成，反而总是在生活中屡屡受挫，最后空负了一身才华。原因何在？心无定力。

利特尔公司是世界上著名的科技咨询公司。它的前身是其创始人利特尔1886年建立的一个小小的化学实验室，创立最初鲜为人知，丝毫也不引人注目。

1921年的一天，在许多企业家参加的一次集会上，一位大亨高谈阔论，否定科学的作用。而一向崇拜科学的利特尔带着轻蔑的微笑，平静地向这位大亨解释科学对企业生产的重要作用。

这位大亨听后，不屑一顾，还嘲讽了利特尔一番，最后他挑衅地说："我的钱太多了，现有的钱袋已经不够用了，想找猪耳朵做的丝钱袋来装。或许你的科学能帮个忙，如果做成这样的钱袋，大家都会把你当科学家的。"说完，哈哈大笑。聪明的利特尔怎么会听不出大亨的弦外之音呢？他气得嘴唇直抖，但还是抑制住自己，非常谦虚地说："谢谢你的指点。"因为利特尔感到这是一个千载难逢的大好机会。其后的一段时间里，市场上的猪耳朵被利特尔公司暗中搜购一空。购回的猪耳朵被利特尔公司的化学家分解成胶质和纤维组织，然后又把这些物质制成可纺纤维，再纺成丝线，并染上各种美丽颜色，最后编织成五光十色的丝钱袋。这种钱袋投放市场后，顿时一抢而空。

"用猪耳朵制丝钱袋"，这个荒诞不经的恶意挑衅被粉碎了。那些不相信科学是企业的翅膀，从而也看不起利特尔的人，不得不对利特尔刮目相看。

利特尔公司因此名声大振。面对挑衅，利特尔忍受轻蔑，"虚心"接受指点；不大吵大闹、争执强辩，也不义正词严地加以驳斥，他不露声色，暗中准备，将猪耳朵制成丝钱袋，从而一举成名。

利特尔的成功告诉我们一个不争的事实：一个人的成功不仅仅需要智慧，而且需要定力，假如激烈的反驳和争论可以解决问题，那么，这个世界也就无需我们用实际行动来证明什么了。但是，生活的禅机告诉我们事实才是证明一切的最终衡量尺度。所以，我们长了一张嘴，却长了两只眼睛，两只手。

与人做毫无意义的争论，甚至是气急败坏的争吵于你无益，也可以显出你的浮浅与无知。那些得道的禅师任何时候都不会与人做毫无意义的争论。而且，他们总能以自己的禅智点化那些无知的人们。即使他们所面临的是生死大限也不会面露惧色。那份从容，那种决定是经过了生活的磨炼和对人生的深刻领悟所获得的。

我们都需要被放置在生活的风刀雨剑下打磨。从一个不成熟的人向成熟的人转变。走过人生的每一次风雨都应该有所收获，即使达不到禅师们的那种高深的禅境，也应该让自己有一些定力。心定才能事定，否则，你只能白白枉费这一生的好时光。

无定力就无成功可言，任何时候都能保持头脑清醒冷静，是一切胜利的先决条件。

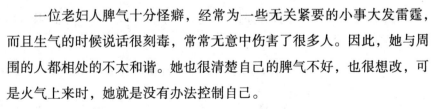

5. 从小事中磨炼心性

一位老妇人脾气十分怪癖，经常为一些无关紧要的小事大发雷霆，而且生气的时候说话很刻毒，常常无意中伤害了很多人。因此，她与周围的人都相处的不太和谐。她也很清楚自己的脾气不好，也很想改，可是火气上来时，她就是没有办法控制自己。

一次，朋友告诉她："附近有一位得道高僧，为什么不去找他为你指点迷津呢？说不定他可以帮你。"她觉得有点道理，于是就抱着试一试的态度去找那位高僧了。

当她向高僧诉说自己的心事时，态度十分恳切，强烈地渴望能从高僧那儿得到一些启示。高僧默默地听她诉说，等她说完，就带她来到一座禅房，然后锁上门，一言不发地离去了。

这位老妇人本想从禅师那里得到一些启示的话，可是没有想到禅师却把她关在又冷又黑的禅房里。她气得直跳脚，并且破口大骂，但是无论她怎么骂，大师都不理睬她。老妇人实在受不了了，于是开始哀求大师放了她，可是大师仍然无动于衷，任由她自己说个不停。

过了很久，禅师终于听不到房间里的声音了，于是就在门外问："你还生气吗？"

老妇人恶狠狠地回答道："我只是生自己的气，很后悔自己听信别人的话，干嘛没事找事地来到这种鬼地方找你帮忙。"

禅师听完，说道："你连自己都不肯原谅，怎么会原谅别人呢？"说完转身就走了。

过了一会儿，高僧又问："还生气吗？"

老妇人说："不生气了。"

"为什么不生气了呢？"

"我生气又有什么用？还不是被你关在这又冷又黑的禅房里吗？"

禅师有点担心地说："其实这样会更可怕，因为你把气全部压在了一起，一旦爆发会比以前更强烈的。"于是又转身离去了。

等到第三次禅师来问她的时候，老妇人说："我不生气了，因为你不值得我生气。"

"你生气的根还在，你还是不能从气的漩涡中摆脱出来！"禅师说道。

又过了很久，老妇人主动问禅师："大师，您能告诉我气是什么吗？"

高僧还是不说话，只是看似无意地将手中的茶水倒在地上。老妇人终于明白：原来，自己不气，哪里来的气？心地透明，了无一物，何气之有？

心里没有气，还怎么会生气呢？其实生气不仅我们自己痛苦，身边的人也跟着一起痛苦；生气时口无遮拦，什么都说，有些话会深深刺痛爱我们、关心我们的人。

也许大家都听过"钉子的故事"：

一个男孩脾气很坏，他的父亲给了他一袋钉子，并且告诉他，每当他发脾气的时候就钉一根钉子在后院的围篱上。

第一天，这个男孩钉下了40根钉子；渐渐地每天钉下的数量减少了，他也慢慢地发现控制自己的脾气要比钉下那些钉子来得容易些。

终于有一天，这个男孩再也不会乱发脾气了。

父亲又告诉他，从现在开始，每当他能控制自己脾气的时候，就拔出一根钉子。

一天天地过去了，最后男孩告诉他的父亲，他终于把所有钉子都拔出来了。

父亲拉着他的手来到后院，说："你做得很好，我的孩子。但是看看那些围篱上的洞，这些围篱将永远不能恢复成从前的样子了。你生气的时候说的话，将像这些钉子一样留下疤痕。如果你拿刀子捅别人一刀，不管你说多少次对不起，那个伤口将永远存在。话语的伤痛就像真实的伤痛一样令人无法承受。"

男孩终于明白了父亲的良苦用意，从此之后脾气变得很好，待人待事都很温和、宽容。

所以佛祖告诫我们："嗔心一起，于人无益，于己有损；轻亦心意烦躁，重则肝目受伤。"

所以，害人害己的事我们何必去做？只为生活中所遇的一点小事就大发雷霆，那是愚人的行为。

我们不能做一个聪明人，但至少不要去做一个愚人。把生活中不如意的一些小事看得淡一点，并能在静观中有所收益，悟得生活中的种种禅机，我们就不会活得太累，活得不开心。

那些小事就如一粒粒的碎沙，在你的鞋子里让你感觉不舒服。那么，为了摆脱这些碎沙，你选择倒掉沙子还是踢掉鞋子？我们不能不穿鞋子，因为我们还有许多路要走，所以，还是选择倒掉沙子吧。

第二章

悟苦悟乐
做苦海中一个快乐的人

佛陀说:"极乐世界",这不是一张空头支票,而是真实的。人心欢乐时,整个世界都是美好的。如何得欢乐心? 那就要做欢乐人:无愧、无执、无怒。

1. 快乐之道

一日，无悔禅师正在院子里锄草，迎面走来三位信徒，向他施礼，说道："人们都说佛教能够解除人生的痛苦，可是我们信佛这么多年，却并不觉得快乐，这是怎么回事呢？"

无悔禅师放下锄头，安详地看着他们说："想快乐并不难，首先要弄明白为什么活着！"

三位信徒你看看我，我看看你，都没料到无悔禅师会向他们提出这样的问题。

过了片刻，甲说："人总不能死吧！死亡太可怕了，所以人要活着。"

乙说："我现在拼命地劳动，就是为了老的时候能够享受到粮食满仓、子孙满堂的天伦之乐。"

丙说："我可没你那么高的奢望。我必须活着，否则我一家老小靠谁养活呢？"

无悔禅师笑着说："怪不得你们得不到快乐，原来你们想到的只是死亡、年老、被迫劳动，而不是理想、信念和责任。没有理想、信念和责任的生活当然是很疲劳、很累的，不会觉得幸福，当然也不会觉得快乐了。"

信徒们不以为然地说："理想、信念和责任，说说倒是很容易，但总不能当饭吃吧！"

无悔禅师说："那你们说，有了什么才能快乐呢？"

甲说："有了名誉就有了一切，我就会觉得很快乐。"

乙说："我觉得有了爱情，才会有快乐。"

丙说："金钱才是最重要的，有了它我就什么都不愁了。"

无悔禅师说："那我提个问题：为什么有人有了名誉却很烦恼，有了爱情却很痛苦，有了金钱却更忧虑呢？"信徒们无言以对。

无悔禅师接着说："理想、信念和责任并不是空洞的，而是体现在人们每时每刻的生活中。必须改变对生活的观念、态度，生活本身才能有所变化。说到底，快乐是要靠我们自己去寻找的。"

听完无悔禅师的话，三位信徒从此明白了快乐之道。

其实，快乐与不快乐完全取决于我们对于生活和人生的态度。有一则小幽默说，同样一个甜甜圈，在有些人眼中，因为它是甜甜圈，所以会觉得可口所以感觉很开心；而在另外一些人眼中，因为它中间缺了一个洞，就会觉得遗憾而变得不开心。所以，快乐不快乐完全是由我们自己决定的，而真正的快乐是从心底流出的。

据说，终南山出产一种快乐藤。凡是得到此藤的人，一定会喜形于色，笑逐颜开，不知道烦恼为何物。曾经有一个人，为了得到无尽的快乐，不惜跋山涉水，去找这种藤。他历尽千辛万苦，终于来到了终南山。可是，他虽然得到了这种藤，可仍然觉得不快乐。

这天晚上，他到山下的一位老人家里借宿，面对皎洁的月光，不由地长吁短叹。

他问老人："为什么我已经得到了快乐藤，却仍然不快乐呢？"

老人一听乐了，说："其实，快乐藤并非终南山才有，而是人人心中都有，只要你心里充满欢乐，无论天涯海角，都能够得到快乐。心就是快乐的根。"

这人恍然大悟。

人生一世，草木一秋，能够快快乐乐地活一生，是每个人心中的梦想。但是怎样才能求得快乐呢？那就是要清醒地知道快乐之道的根本在我们自己。

第二章　悟苦悟乐　做苦海中一个快乐的人

人的心灵是最富足的，也是最贫乏的。不同的人之所以对生活的苦乐有着不同的感受是因为心灵的富足和贫乏，而绝不是任何外物的客观影响。内心的快乐才是快乐之道。

悟 语

观照己心，切莫苛求。若是总为外物的求之不得而苦恼，那你永远都不会心生快乐。

2. 无苦何来乐

有一位一国首富，论财富，无人能及，然而，他这个在别人眼里最幸福的人却总觉得生活毫无快乐可言。于是，他将所有的贵重物品各样东西都装入一个大袋子里，去寻找快乐。

他从一个国家游历到另一个国家，但是没有人能够给他——即使只是一瞬的快乐。

他到了一个村子，一个村民告诉他："有个禅师就坐在村中心的一棵树下。你去他那里，如果他没有办法让你得到快乐，那么你就算了吧！即使去到天涯海角，也没有人能让你得到快乐。"

富人非常激动，他迫不及待地跑到禅师那里，请求禅师让他得到快乐。并且说："我赚来的钱都在这个袋子里。如果你能让我得到快乐，我就把这些东西给你。"

禅师没有回答他，而是忽然从他手中抢了袋子就跑。富人又哭又叫地尾随着他。因为禅师对村子里的大街小巷很熟，所以没跑几圈，富人就被禅师甩掉了。

富人简直疯了。他哭喊着："我一生的财富都被劫走了，我变成一个穷人了！我变成一个乞丐了！"他哭得死去活来。

最后，那个人万般无奈地回到禅师刚才坐的那个地方。却发现袋子早已在原地了，富人见到了袋子，赶紧进行检查——什么也不缺！他松了一大口气，一屁股坐在那个袋子上，喜极而泣。

禅师转过来看着他说："先生，你现在快乐吗？你是不是已经得到了？"

富人终于醒悟过来，然后高兴地说："多谢禅师指点。"

苦乐是相对成立的。具体到我们，只有在深刻体会到某种失落的痛苦之后，才会感觉到真实的快乐。

在寻求快乐的过程中，由苦乐对比产生的落差而感觉快乐，难道这不是快乐吗？当然这是一种快乐，但这种快乐本质上是一种假相的快乐！为什么呢？

假若这些快乐本质上是真正的快乐，那么就该像储蓄存折一样，数字总是存款而非罚款；然而寻求丰足的人生努力过程中，很多时候却像在提款缴罚单一样。因此，没钱缴罚单的时候固然是苦，纵然有钱缴罚单也不是快乐的，因为两者都是惩罚的缘故。

然而为什么有时我们会感觉到有钱缴罚单是一种快乐呢？而且似乎它就是一种感受上很真实的快乐呢？是的，两种痛苦相比之下，如果落差够大，就像由大苦反衬小苦，小苦反而成为快乐一样，就像罚十万块改成罚十块钱，这种反差呈现出来的快乐是很巨大的。

然而惩罚终究是惩罚，本质上不会变成奖赏。所以，如果习禅的方向一直滞留在所谓的"趋乐避苦"上，而看不透苦乐的相对性、本质虚幻的真相，这就意味着无法真正入禅。

只有我们了解满足欲望的快乐永远是虚妄的，我们才有希望进入清净涅槃的大乐，达到生命的真实超越。

没有丑就无所谓美，没有苦就无所谓乐，细品世间滋味，苦过痛过之后才能得知即使是平淡也有一丝甘甜可尝。

3. 简单才能快乐

一天晚上三更半夜，智通和尚突然大叫："我大悟了！我大悟了！"

他这一叫惊醒了众多僧人，连禅师也被惊动了。众人一起来到智通的房间，禅师问："你悟到什么了？居然这个时候大声吵嚷，说来听听吧！"

众僧以为他悟到了高深的佛旨，没想到他却一本正经地说道："我日思夜想，终于悟出了——尼姑原来是女人做的。"

刚说完，众僧就哄堂大笑，"这是什么大悟呀，我们大家都知道的呀！"

但是禅师却惊异地看着智通，说："是的，你真的悟到了！"

智通和尚立刻说道："师父，现在我不得不告辞了，我要下山云游去。"

众僧又是一惊，心里都认为：这个小和尚实在是太傲慢了，悟到"尼姑是女人做的"这么简单的道理也没什么稀奇的，却敢以此要求下山云游，真是太目中无人了；竟敢对我们师父这么无理，可恶！

然而禅师却不这样认为，他觉得智通到了下山云游的时候了，于是也不挽留他，提着斗笠，率领众僧，送他出寺。到了寺门外，智通和尚接过了禅师给他的斗笠，大步离去，再也没有任何留恋。

众僧都不解地问禅师："他真的悟到了吗？"

禅师感叹道："智通真是前途无量呀！连'尼姑是女人做的'都能参透，还有什么禅道悟不出来的呢？虽然这是众人皆知的道理，但是有谁能从这里悟出佛理呢？这句话从智通的嘴里说出来，蕴涵着另一种特殊的意义——世间的事理，一通百通啊。"

世界上的事，无论看起来是多么复杂神秘，其实道理都是很简单的，关键在于是否看得透。生活本身是很简单的，快乐也很简单，是人们自己把它们想得复杂了，或者人们自己太复杂了，所以往往感受不到简单的快乐，他们弄不懂生活的意味。

睿智的古人早就指出："世味浓，不求忙而忙自至。"所谓"世味"，就是尘世生活中为许多人所追求的舒适的物质享受、为人欣羡的社会地位、显赫的名声，等等。今日的某些人追求的"时髦"，也是一种"世味"，其中的内涵说穿了，也不离物质享受和对"上等人"社会地位的尊崇。

可怜的某些人在电影、电视节目以及广告的强大鼓动下，"世味"一"浓"再"浓"，疯狂地紧跟时髦生活，结果"不知不觉地陷入了金融麻烦中"。尽管他们也在努力工作，收入往往也很可观，但收入永远也赶不上层出不穷的消费产品的增多。如果不克制自己的消费，不适当减弱浓烈的"世味"，他们就不会有真正的快乐生活。

菲律宾《商报》登过一篇文章。作者感慨她的一位病逝的朋友一生为物所役，终日忙于工作、应酬，竟连孩子念几年级都不知道，留下了最大的遗憾。作者写道，这位朋友为了累积更多的财富，享受更高品质的生活，终于将健康与亲情都赔了进去。那栋尚在交付贷款的上千万元的豪宅，曾经是他最得意的成就之一。然而豪宅的气派尚未感受到，他却已离开了人间。作者问："这样汲汲营营追求身外物的人生，到底快乐何在？"

这位朋友显然也是属"世味浓"的一族，如果他能把"世味"看淡一些，像陈美玲那样"住在恰到好处的房子里，没有一身沉重的经济负担，周末休息的时候，还可以一家大小外出旅游，赏花品草……"这岂不是惬意的生活？

陈美玲写道："'生活简单，没有负担'，这是一句电视广告词，但用在人的一生当中却再贴切不过了。与其困在财富、地位与成就的迷惘里，还不如过着简单的生活，舒展身心，享受用金钱也买不到的满足来得快乐。"

简单的生活是快乐的源头，它为我们省去了欲求不得满足的烦恼，又为我们开阔了身心解放的快乐空间！

简单就是剔除生活中繁复的杂念、拒绝杂事的纷扰；简单也是一种专注，叫做"好雪片片，不落别处"。生活中经常听一些人感叹烦恼多多，到处充满着不如意；也经常听到一些人总是抱怨无聊，时光难以打发。其实，生活是简单而且丰富多彩的，痛苦、无聊的是人们自己而已，跟生活本身无关；所以是否快乐、是否充实就看你怎样看待生活、发掘生活。如果觉得痛苦、无聊、人生没有意思，那是因为不懂快乐的原因！

快乐是简单的，它是一种自酿的美酒，是自己酿给自己品尝的；它是一种心灵的状态，是要用心去体会的。简单地活着，快乐地活着，你会发现快乐原来就是：

"众里寻他千百度，蓦然回首，那人却在灯火阑珊处。"

悟语

世间本无事，庸人自扰之。快乐的无知者无休止地粉饰自己，以求在他人的目光中看到自己快乐的影子。只可惜他们把自己包装得太复杂了，已经看不出本来的面目。所以，他们找不到自己的快乐。

4. 比较得来的苦恼

过去，有一个老太太，她有两个女儿，大女婿是卖草帽的，二女婿是卖伞的。一到雨天，老太太就唉声叹气，说："大女婿的草帽不好卖，大女儿的日子不好过了。"但一到晴天，她又想起二女儿："又没人买雨伞了。"所以，不管晴天还是雨天，老太太都不开心。

一位云游和尚听说了这件事，就来开导她："晴天，你就想想大女儿的草帽好卖了，雨天你就想想二女儿的雨伞一定生意不错。这样，你不就天天高兴了吗？"

老太太听了云游和尚的话，天天都有了笑容。

习惯于比较是人的天性，正是这种喜欢比较的天性促成了人与人之间的相互攀比，也促成了人的苦恼的产生。而且，人总是习惯于去看比较之后那不利的一面，所以，苦恼当然会随即而至。

佛经上称，世间为欲界，欲是什么？欲是生命内在的希求，有从生理上发出的，也有从心理上发出的。

世人有五欲：财欲，即对财富的希求；色欲，对男女性交的希求；名欲，对名誉地位的希求；食欲，对饮食美味的希求；睡欲，对睡眠的希求。有情生命总是在五欲境界中不停地追逐，寻找所谓的幸福。

生活在欲望中，总想占有一切，于是容不得别人比自己好，什么事情都要比较。这样有了分别心、比较心，就很难解脱了；因为带着比较心生活的人，永远都没有满足的时候，而且一旦落于人后，更会产生酸葡萄的心理。

北海有一条身长好几里的大鱼，活了几千年。有一天，忽然刮了一阵大旋风，这条大鱼顺着旋风竟然变成了一只大鹏鸟。

大鹏鸟身长也有几里长，它乘风振翅一冲，便能飞腾到九千里的高空。它想从北海飞到南海，这大概需要半年的时间。在这半年当中，它不停地飞呀飞，从高空往下一望，看到白云朵朵，如万马行空一样；抬起头，则是一片无边无际灰茫茫的天空，除此之外一无他物，经过六个月的飞行，它终于到达了南海。

那时，地面上正好有一只小麻雀，看到了大鹏鸟，它有点不舒服，心想："飞得那么高，何必呢？有那么大的身体，要到达南海还不是得不断地辛苦飞行吗？像我这么小巧玲珑的身材多好呀，飞行的时候可以轻轻松松地，只要一枝小小的枝丫，就可以作为栖身之地；累了还可以到地面走走；如果想飞高一点，又飞不上去时，我干脆就降落到草地上，像这样生活多逍遥啊！大鹏鸟也没什么了不起的嘛！"

事实上，小麻雀并不逍遥，因为它的心在与大鹏鸟做比较！因为自己的体型、力量太小，无法像大鹏鸟一飞冲天，所以就只能自我安慰地说说罢了。这正是比较中产生的酸葡萄心理在作祟！

事实上，大鹏鸟的身体大，两翅张开便有几里长，它若不展翅高空，又将如何飞行？如何生活？小麻雀虽然身体较小，但小巧有小巧的好处，大家各有各的特长，各有各的生活空间，谁能剥夺彼此的空中享有权呢？

人与人之间也同样如此，人的烦恼就是从比较、计较中产生的，从小在家中比较父母疼爱谁多一点，计较父母的偏心；上学后，学会与人比较谁的分数高，计较老师喜欢谁；踏入社会则又比较谁的工资高，计较老板对谁好；即使父母去世了，还要计较谁分得的遗产多一点。就因为一切都要比较，各种纷争就应运而生了，甚至很多罪恶也是由此而起。

其实，与别人比较，是相当辛苦的。生活属于我们自己，为何要整天追随别人的脚步？我们的地位可以卑微，我们的金钱可以不如别人多，但我们的权力和任何人都是平等的。只有不比较、不计较，不把注意力集中在别人身上，才能将自己有限的时间全部融入自我的生命中，做出一番事业，最终无愧于来此一遭。而在心灵的坦然、安然中，在生活的自适、自得中，才能懂得欣赏他人的荣耀、成就或美丽，这才是一种修养、一种风度！

佛祖告诉我们，外相的一切都是虚空的，所以不要在表相上分别、比较。人生最大的缺憾，莫过于和别人比较，放弃自己。外来的比较，让我们心灵动荡，不得自在，甚至迷失自己，障蔽了心灵深处原有的氤氲馨香。

无比较心，做我们自己，人生就不会痛苦，不会迷乱。所以，不和别人比较，才能获得内心的平衡，才能悠然自得，才能找到一分安乐！

与他人比较，你会痛苦；与自己比较，才会得到快乐。你的目光需要追随的不是别人，而应该是你自己。

5. 何不放下

有一个人出门办事，跋山涉水，非常辛苦。有一次他经过险峻的悬崖，一不小心，跌到深谷里去了。眼看生命危在旦夕，他的双手便在空中攀抓，刚好抓住悬崖壁上枯树的老枝，总算保住了性命；但是人悬荡在半空中，上下不得，进退维谷，不知如何是好。这时，他忽然看到慈悲的佛陀站在悬崖上，正慈祥地看着自己。

此人如见救星般赶快求佛陀：“佛陀！求求您慈悲，救我吧！”

“我救你可以，但是你要听我的话，我才有办法救你上来。”佛陀慈祥地说。

“佛陀！到了这种地步，我怎敢不听您的话呢？随您说什么，我全都听您的。”

“好吧！那么请你把攀住树枝的手放下！”

此人一听，心想：“把手一放，势必掉到万丈深渊，跌得粉身碎骨，哪里还保得住性命？”

因此他更是抓紧树枝不放。佛陀看到此人执迷不悟，只好离去。

“放下”是非常不容易做到的，有了权势，就对权势放不下；有了功名，就对功名放不下；有了金钱，就对金钱放不下；有了爱情，就对爱情放不下；有了事业，就对事业放不下。

因为放不下，所以会经常被这些外物牵绊，因为太在意，所以，终日忧愁挂怀，难以超然洒脱，愉快地享受生活中的每一次欣喜。如果说当一个人得不到他所求的东西时，他难以快乐。那么，得到了就该快乐了吧？然而，事实并非如此，当一个人用尽全力，甚至不惜倾尽所有得到了他想要的东西时，他会失望地发现原来梦想和现实，追求与获得之间的差距竟然如此巨大。他依然是不快乐的。

那么，我们为什么总是不快乐？因为我们总是放不下，不能够超脱，不能够不在意，禅境中所讲的随意、随性、随缘，我们做不到。其实，所有的事你何必去在意结果？放下心里的那些重担、尽自己所能，将所有的事情做到最好，并在做的过程中享受属于自己的快乐，这已足够。反之，如果你总是刻意追求一种结果，那么，你永远都无法快乐。因为，人的贪欲永远都无法填平。而且，你很可能因为贪欲太盛而扭曲自己的人性。

有一对很要好的朋友在树林里散步，突然看到有个乞丐慌慌张张地从丛林中跑出来，便问道："什么事让你这么惊慌失措？"

乞丐说："太可怕了，我在树林里挖到一堆金子！"

两个人心里一惊："这个人真是傻瓜！挖到黄金，这么好的事情居然觉得害怕！"于是他们问道："你在哪里挖到的？能告诉我们吗？"

乞丐问："这么厉害的东西，你们不怕吗？它会吃人的！"

那两个人不以为然地说："我们不怕，请你告诉我们在哪儿吧！"

乞丐说："就在森林最东边的那棵树下面。"

两个朋友立刻找到那个地方，果然发现了很多金子。

于是，一个人对另一个人说："这个乞丐真是愚蠢，有这些金子他根本用不着再讨饭了，而且人人渴望的金子在他眼里却成了吃人的东西！真是个傻瓜，难怪要一辈子饭。"

另一个人也随声附和地点头称是。

他们于是讨论怎么处置这些金子，其中一人说："白天拿回去不太安全，还是晚上再拿回去吧。我在这儿看着，你回去拿些饭菜，我们等到天黑再把金子拿回去吧。"

另外一个人就照他说的去做了。留下的那个想："如果这些金子都归我一个人多好呀。等他回来，我就用棍子打死他，这些金子就都属于我了。"他开心地笑了。

回去拿饭的那个也在想，独占这些金子该多好呀，于是就在饭菜里下了毒，要毒死自己的朋友。

可他刚回到树下，他的朋友就用木棍将他打死，然后说道："亲爱的朋友，我本不想杀你的，可是这堆金子逼迫我这样做呀。"

之后，他拿起朋友送来的饭菜，狼吞虎咽地吃起来了。没过多久，他就觉得肚子里如火烧一样，他知道自己中毒了，临死前他无限感叹地说："乞丐说的话真是一点都不错呀！"

这就是人性中最黑暗的那一面的真实写照。死亡皆因贪欲而起，朋友间的相互信任、相互依赖在瞬间土崩瓦解。受功名利禄的诱惑，我们连生命都难以保证，何谈快乐？佛陀说："放下，旨在告诉我们放下贪欲就是放下危险，放下忧愁。这样我们才能得到快乐。

放下才能得到，如果总是难以割舍，你只会抓着忧愁越走越累。

第三章

悟富悟贫
不要让自己做一个心理的穷人

佛陀说："无执"，指出"有执"是自毁本性。手上抓的东西多了，最后你会一样都抓不住。外物无限，但你心力有限。好东西要都要不完，反会断送自己。

1. 你眼里的财富

　　有一位禅师，每天早上经过一个豆腐坊时，都能听到屋里传出愉快的歌声。这天，他忍不住走进豆腐坊，看到一对小夫妻正在辛勤劳作。禅师怜悯之心大发，说："你们这样辛苦，只能唱歌消烦，我愿意帮助你们，让你们过上真正快乐的生活。"说完，放下了一大笔钱，送给小夫妻。这天夜里，禅师躺在床上想："这对小夫妻不知道明天会是什么样子，我须仔细观察一下，看他们是否能够摆脱金钱的诱惑。"第二天一早，禅师又经过豆腐坊，却没有听到小夫妻俩的歌声。他想，"他们可能激动得一夜没睡好，今天要睡懒觉了。"但第二天、第三天，还是没有歌声。就在这时，那做豆腐的男人出来了，拿着那些钱，一见禅师便急忙说道："禅师我正要去找你，还你的钱。"禅师问："为什么？"年轻的豆腐师傅说："没有这些钱时，我们每天做豆腐卖，虽然辛苦，但心里非常踏实。自从拿了这一大笔钱，我和妻子反而不知如何是好了——我们还要做豆腐吗？不做豆腐，那我们的快乐在哪里呢？如果还做豆腐，我们就能养活自己，要这么多钱做什么呢？放在屋里，又怕它丢了；做大买卖，我们又没有那个能力和兴趣。所以还是还给你吧！"禅师听后微微一笑说：看来你们已经有所悟了。今后你二人可安度时日，待时机成熟我必引你二人往生佛界。第二天，当他再次经过豆腐坊时，听到里边又传出了小夫妻俩的歌声。

　　拥有更多的财富，是今日许许多多人的奋斗目标。财富的多寡，也成为衡量一个人才干和价值的尺度。当一个人被列入世界财富榜时，会引起多少人的艳羡。但对于个人来说，过多的财富是没有多少用的，除非你是为了社会在创造财富，并把多余的财富贡献给了社会。但丁说："拥有便是损失。"财富的拥有超过了个人所需的限度，那么，拥有越多，损失就越多。

让我们看一看米勒德·富勒的故事，这是一个真实的故事。同许多美国人一样，富勒一直在为一个梦想奋斗，那就是从零开始，尔后积累大量的财富和资产。到30岁时，富勒已挣到了百万美元，他雄心勃勃，想成为千万富翁，而且他也具备这个本事。他拥有一幢豪宅，一间湖上小木屋，2000英亩地产，以及游艇和豪华汽车。

但问题也来了：他工作得很辛苦，常感到胸痛，而且他也忽视了妻子和两个孩子。他的财富在不断增加，他的婚姻和家庭却岌岌可危。

一天富勒在办公室心脏病突发，而他的妻子在这之前刚刚宣布打算离开他。他开始意识到自己对财富的追求已经耗费了所有他真正珍惜的东西。他打电话给妻子，要求见一面。当他们见面时，两人都热泪滚滚。他们决定消除掉破坏他们生活的东西——他的生意和物质财富。

他们卖掉了所有的东西，包括公司、房子、游艇，然后把所得捐给了教堂、学校和慈善机构。他的朋友都认为他疯了，但富勒感到从没像此时这样清醒过。

接下来，富勒和妻子开始投身于一项伟大的事业——为美国和世界其他地方无家可归的贫民修建"人类家园"。他们的想法非常单纯："每个在晚上困乏的人，至少应该有一个简单体面，并且能支付得起的地方，用来休息。"美国前总统卡特夫妇也热情地支持他们，穿上工装裤来为"人类家园"劳动。富勒曾有的目标是拥有1000万美元家产，而现在，他的目标是为1000万人甚至更多人建设家园。目前，"人类家园"已在全世界建造了6万多套房子，为超过30万人提供了住房。富勒曾为财富所困，几乎成为财富的奴隶，差点儿被财富夺走他的妻子和健康。而现在，他是财富的主人，他和妻子自愿放弃了自己的财产，而去为人类的幸福工作。他自认是世界上最富有的人。

富勒的财富经历告诉我们，有时财富不一定是有形的，而且，一旦有形的财富超出所需时，财富即会转化成一种压力，使你的生活状态难以维持平衡。那些无形的财富才是真正的财富，它们只于你的生活有益。比如说声誉、知识、人缘……

英国思想家培根曾说过："对于财富，我充其量只能把它叫做美德的累赘……财富之于美德，犹如辎重之于军队。辎重不可无，也不可留在后面，但它却妨碍行军。不仅如此，有时还因顾虑辎重，而丢掉胜利或妨碍胜利。"

我们并不是一概排斥财富，我们厌恶和蔑视的是对个人财富过分贪求，是以不正当手段聚敛财富。我们努力创造财富。我们所追求的"并不是贪婪的掠夺品，而是一种行善的工具"。这就是我们对待财富的最好的态度。

有形的财富应该是富贵的一种标志，却不能标定无形财富的价值。而无形的财富却可以创造出无数有形财富。

2. 不要落入财富的陷阱

无果禅师为了专心参禅，在深山里一住就是 10 年，这 10 年来一直有一个女人细心地照料着他。

然而，这 10 年，他并没有取得太大的成就，他认为自己无法在那里修行得道，所以打算出山寻师问道，解除多年来心中的疑惑。

临行前，他向这个女人辞别时，女人对无果禅师说："禅师，您再多留几日吧。路上要风餐露宿，容我为您做件衣服再上路也不迟呀。"这个女人的好意让禅师无法推辞，于是只好点头答应了。

女人回家后，马上着手剪裁衣服。衣服做好了，她又包了四锭马蹄银，送给无果禅师作为路费，禅师心中无比感激，他接受了女人的馈赠，收拾行李准备第二天一大早就走。

到了晚上，无果禅师坐禅养息，却突然出现了一个童子，后面还跟着许多人在吹拉弹奏。他们扛着一朵很大的莲花，来到无果禅师面前说："禅师，请上莲花台！这就是您要去的地方。"

无果禅师心里嘀咕："我的修行还没有达到这种程度，这种境况来得太早了，恐怕是魔境吧！"于是他没有理会，童子又说："禅师，请您坐上来吧，机会就只有这一次，错过了就再也不会有了哦。"抵不住童子的纠缠，无奈之下，无果禅师就把自己的拂尘插在莲花台上。童子与诸乐人便高兴地离去了。

第二天一大早，无果禅师正要动身时，那女人来到他家，手里拿了一把拂尘，问道："禅师，这可是您的物品？昨晚怎么会从我家母马的肚子里生了出来？"

无果禅师听后十分吃惊，说道："如果不是我的定力深厚，今天已经是你们家的马儿了。"于是将马蹄银还给了女人，作别而去！

不要被突如其来的实惠或好运迷惑，其实天上是不会掉馅饼的。然而，生活中的陷阱太多了，金钱、名誉、地位、美女、机遇……其实，所有的陷阱都有一个共同的特点，就是抓住人心中最脆弱的那根弦，使人像中了魔似的不能脱身，毫不犹豫地掉进陷阱里。掉进陷阱的人，多数是因为贪恋不该属于自己的那份东西；被当时不属于自己的东西所诱惑，结果总是得不偿失的。

生活中曾有过这样的事情，一天，牛大爷去城里看望儿子儿媳，走在半路上，突然见到一个精美的首饰盒滚到他的脚边。身旁的一个小伙子眼尖手快，急忙捡了起来，打开一看，里面竟然有一条金项链，还附着一张发票，上面写着某某饰品店监制，售价2800元。但是牛大爷当即拽住小伙子，让他在原地等候失主；可是等了老半天，还是没人来领。

那个小伙子便小声提议两个人私分，说："给我1000元，项链归你。"边说边朝巷口走去。牛大爷平时就有个贪小便宜的习惯，看看项链，就更动心了。他心想："我可以把它送给我的儿媳妇，当年她嫁过来的时候，我们手头不宽裕也没怎么给她买过东西。这次去看他们，正好把这个项链送给她，她一定会很高兴的，这也是我这个做公公的一番心意嘛。"

牛大爷的犹豫没有逃过小伙子的眼睛，他更是一个劲地说这条项链有多好，今天运气好才会遇到的。牛大爷经不住小伙子的游说，便说："可是我没有这么多钱，我是来城里看我儿子的，身上只带了800块钱。"

小伙子故作大方地说："这样呀，没有关系，我就吃点亏，谁叫您年纪比我大呢？"

于是，牛大爷就把好不容易凑到的800块钱给了小伙子，拿着那条金项链美滋滋地向儿子家走去。

一到儿子家，他便把路上的事情跟儿子儿媳说了，还拿出那条金光闪闪的项链送给儿媳妇。小夫妻俩一听就不对，果然，那条项链根本就是假的。

牛大爷这才恍然大悟，原来人家设了一个陷阱让他跳。

牛大爷非常懊恼，却毫无办法。为此，他还大病了一场，幸好，他记住了这一教训，再也不敢贪小便宜了。

人的贪欲是一个永远都无法填满的无底洞，有的人不会让自己落入贪财的陷阱是因为他们比较清醒。而有的人却因为不清醒掉了进去就再也没有出来的机会。任何时候我们都应该清楚地认识到自己的财富心理，看清金钱对于我们的真正价值。永远都应记住金钱应该是为我们服务的，而不是奴役我们灵魂的魔鬼。

智者让财富造福，愚者让财富造祸。

3. 安贫乐道

古印度有个阿育王，是位护持佛法的大功德主。

他有一个弟弟出家修行得道，阿育王非常欢喜，稽首礼敬，希望弟弟能长期住在皇宫，接受他的供养。但是弟弟却认为："世间的五欲——财、色、名、食、睡，是禅者至大的障碍，必须弃除，我们的心才能拥有真正的宁静与自在。我依山傍水，清心寡欲，自在如水中游鱼、空中飞鸟，为什么你要把我再次推入世间的泥沼呢？"

阿育王说："在皇宫里，你也可以很自在呀？没有人敢阻碍你的。"弟弟却说："我住在寂静的林野，有十种好处：一、来去自在。二、无我、无我所。三、随意所往，无有障碍。四、欲望减弱，修习寂静。五、住处少欲少事。六、不惜身命，为具足功德故。七、远离众闹市。八、虽行功德，但不求恩报。九、随顺禅定，易得一心。十、于空住，无障碍想。这些都是皇宫里所不具有的。"

阿育王面露难色地说："话是不错，可是你是我的弟弟，我怎么忍心让你这样吃苦呢？""我一点都不觉这样是苦，反而觉得很快乐。我已经脱离了人间的桎梏，为什么你又要让我再戴上五欲的锁链呢？我终日与自然万物同呼吸，与山色共眠起，我以禅悦为食，滋养性命。你却要我高卧锦绣珠玉的大床，可知我一席蒲团，含纳山河大地、日月星光之灵气。常行晏坐，有十种利益：一、不贪身乐。二、不贪睡眠乐。三、不贪卧具乐。四、无卧着席褥苦。五、不随心身欲。六、易得坐禅。七、易读诵经。八、少睡眠。九、身轻易起。十、欲望心薄。我已经从火汤炉炭的痛苦里解脱出来了，你说，我怎么可能再重入火坑，毁灭自己呢？"弟弟坚定地说。阿育王听了这一番剖白，就不再坚持自己的意见了，但心中对于安贫乐道的修行人，以无为有的胸怀，生起更深的敬意。

空无，并不是一无所有，它只是让人们减少对物质的依赖，这样反而能照见内心无限的宝藏。而现代人，却不懂得安分，即使有了财富、情色、名位、权势，他们仍然在不停追逐，常常压得自己喘不过气来。

为了舒缓心情，有的人借着出国旅游去散心解闷，希冀能求得一刻的安宁，但终究不是根本之策。

佛经上说"少一分物欲，就多一分发心；少一分占有，就多一分慈悲"，这是禅者的安贫乐道。翻开禅史，会发现有的禅师，下一顿的饭还没有着落，却仍然悠闲地说："没有关系，我有清风明月！"有的禅师，则是皇帝请他下山却不肯，宁愿以山间的松果为食，与自然同在。正所谓："昨日相约今日期，临行之时又思维；为僧只宜山中坐，国事宴中不相宜。"

有一位富翁来到一个美丽寂静的小岛上，见到当地的一位农民，就问道："你们一般在这里都做些什么呀？"

"我们在这里种田过活呀！"农民回答道。

富翁说："种田有什么意思呀？而且还那么辛苦！"

"那你来这里做什么？"农民反问道。

富翁回答:"我来这里是为了欣赏风景,享受与大自然同在的感觉!我平时忙于赚钱,就是为了日后要过这样的生活。"

农民笑着说:"数十年来,我们虽然没有赚很多钱,但是我们却一直都过着这样的日子啊!"

听了农民的话,这位富翁陷入了沉思。

也许,生活简单一点,心里负荷就会减轻一些。外出到远方,眼前的繁华美景,不过是一时的安乐,与其辛苦地去更换一个环境,不如换一个心境,任人世物转星移,沧海桑田,做个安贫乐道、闲云野鹤的无事人。

所以,人要真正获得自在、宁静,最要紧的就是安贫乐道。春秋战国时代的颜回"一瓢饮,一箪食,人不堪其忧,而回亦不改其乐"是一种安贫乐道;东晋田园诗人陶渊明"采菊东篱下,悠然见南山"是一种安贫乐道;近代弘一法师"咸有咸的味,淡有淡的味"也是一种安贫乐道。

那么,为什么惟有他们才能做到乐道呢?那是因为他们超脱了尘世俗物的牵绊,看清了人生真正最具价值的所在。

世事沧桑变幻,贫富皆尽体味。一切铅华洗净之后,粗茶淡饭亦是人生真正的滋味。

富而不悦者常有,贪而忌忧者亦多。安贫乐道,不为物欲所驱,方能具入世之身而怀出世之心。

4. 守义而富且贵

有一位很想成为富翁的青年，到处旅行流浪，辛苦地寻找着成为富翁的方法。几年过去了，他不但没有变成富翁，反而成为衣衫破烂的流浪汉。

观世音菩萨被他的虔诚感动了，就教他说："要成为富翁很简单，从此以后，你要珍惜遇到的每一件东西、每一个人，并且为你遇见的人着想，布施给他。这样，你很快就会成为富翁了。"

青年听后高兴得不得了，就手舞足蹈地走出庙门。一不小心竟踢到石头绊倒在地上。当他爬起来的时候，发现手里粘了一根稻草，便小心翼翼地拿着稻草向前走。突然，他听见小孩号啕大哭的声音，走上前去。当小孩看见青年手上拿着稻草，立即好奇地停止了哭泣。那人就把稻草送给小孩，孩子高兴得笑起来。小孩的母亲非常感激，送给他三个橘子。

他拿着橘子继续上路，不久，看见一个布商蹲在地上喘气。他走上前去问道："你为什么蹲在这里，有什么我可以帮忙吗？"布商说："我口渴得连一步都走不动了。""这些橘子就送给你解渴吧。"

他慷慨地把三个橘子全部送给布商。布商吃了橘子，精神立刻振作起来。为了答谢他，布商送给他一匹上好的绸缎。

青年拿着绸缎往前走，看到一匹马病倒在地上，骑马的人正在那里一愁莫展。他就征求马主人的同意，用那匹上好绸缎换那匹病马，马主人非常高兴地答应了。

他跑到小河边提了一桶水给那匹马喝，没想到才一会儿，马就好起来了。原来马是因为口渴才倒在路上。

青年骑着马继续前进，在经过一家大宅院的门前时，突然跑出来一个老人拦住他，向他请求："你这匹马，可不可以借给我呢？"

他立刻从马上跳下来，说："好，就借给你吧！"

那老人说："我是这大屋子的主人，现在我有紧急的事要出远门。等我回来还马时再重重地答谢你；如果我没有回来，这宅院和土地就送给你好了。你暂时住在这里，等我回来吧！"说完，就匆匆忙忙骑马走了。

青年在那座大庄院住了下来，等老人回来。没想到老人一去不回，他就成了庄院的主人，过着富裕的生活。这时他领悟到："呀！我找了许多年能够成为富翁的方法，原来这样简单！"

求取财富的道路不是靠无尽的索取，而应该是善意的施予，施予人方可得到他人的帮助，你的财富也才会逐渐积聚。倘若你只是一味地索取，最终只会断了财源。这就是佛法中所讲的因果报应。所以积聚财富的过程还应该是一个积聚人格的过程。

世界十大首富之一的李嘉诚因为秉承父亲遗训，立身处世，要求自己做到诚信、谦让、孝悌、宽恕。对钱财的观念，就如孔子所说，"不义而富且贵，于我如浮云"。

李嘉诚仗义助人，世所共知。只要能够对其他人有所帮助，使其他人得到快乐，他自己受损失也在所不辞。

1973 年，世界发生了石油危机，当时物价指数大升，通货膨胀剧烈。其时李嘉诚的塑胶生意已经不是他的主要生意。李嘉诚已经在 60 年代将地产业作为主要的投资方向。但因为他的公司仍然是塑胶行业中营业额最多的，所以他被推举为该行业公会的主席。而此时，长江实业的地产业务，其收益已经远远超越塑胶行业。1973 年的石油危机，发生得很突然，百物腾贵，塑胶的进口原料价格暴涨近十倍。不少工厂没有买入足够的原料，但它们早已经接了其他客户的订单，如果没有原料生产，它们可能会被追索赔偿，最终导致清盘破产。此时塑胶原料的价格飞升得厉害，他们根本负担不起。即使买入原料生产，因为成本价涨了这么多，生产后一样是血本无归。很多塑胶厂的业主进退两难，只有坐以待毙，不知如何是好。

李嘉诚作为行业公会的主席，联合所有塑胶生产商，组成统一阵线，一同买入塑胶原料，以打破其他大洋行的垄断。结果塑胶原料价格回落。不过，因为很多塑胶生产商当时在原料高价时不敢入货，现在时间紧迫，交货期限迫在眉睫，如果到期不能完成生产工序及付货给客户，他们一样会有问题。如何解决这个难题，渡过这个难关呢？仗义助人的李嘉诚当时是全香港最大的塑胶生产商，甚至在全世界内，他的塑胶生意也是数一数二的。当时李嘉诚的塑胶厂有一批原料存货。这些原料存货对李嘉诚的大企业可能只是适量的、不致过多的存货而已，但对一些小规模的生产商，这些原料已经足够他们多年的生产。李嘉诚义不容辞地将他手中的原料以低于他买入的成本价一半的价格，出让给同业的厂家。各厂家因此解决了当时原料不足的问题。李嘉诚这样做法，对自己毫无利益可言，买入的原料，只以一半成本价转让给其他同业，毫不计较个人的利益，只要其他同业能够生存，只要他们能够渡过难关，李嘉诚就感到快乐。这种真诚待人，不计较自己利益，以他人利益为先，以公义为先，即使追寻富贵，也先讲公义的精神，赢得了同业的敬重。像李嘉诚义助同业的例子，在以利为先的商业社会，并不容易找到。

李嘉诚先生的事例给人的启示就是，钱财并不是最重要的，最重要的是心之所安。而心之所安正是因为能够帮助其他人，使其他人快乐，使社会能够添一些温暖，使国家的经济能够因此得益，使民生能够因此进步，这是李嘉诚先生人生中最大的乐事。

"不义而富且贵，于我如浮云"，这是做人的一种胸襟。也是一种禅境的领悟。当一个人真正领悟之后并做到了视富贵如过眼云烟，积累财富却能摆脱财富的束缚。那么，他就能够成为人中的智者。

人生的意义如果在意金钱，没有了道义的支撑，金钱也就失去了它该有的价值。

5. 钱因人而有罪

释圆大师云游到一个地方。他拖着疲惫的身体，感到又饥又渴。走着走着，眼前出现了两座房子。其中一座非常华丽，另一座却非常破旧。

释圆大师心想：我若是借宿于那华丽的房子，相信不至于给房主带来负担。于是，大师敲了敲华丽房子的门。一会儿，一个穿着很得体的男人开了门，问道："你有什么事？"

大师回答说："我出远门，途中至此，不知是否方便借宿一宿？"

那男人用非常不屑的眼神上下打量了大师一番之后，他觉得：这人衣着朴素，行囊简单，可见不是有钱人。于是，房主说："不行，我的房子怎么能让你住呢？我的房间里有那么多的药材、种子，没有空地了。假如每一个来敲门的人都要求借宿，那怎么能住得下呢？再说了，我哪有那么多食物给你吃啊！"说完，房主就关上了门。

这是一个充满金钱至上气息的社会，人与人之间的关系，因为金钱而变得变幻难测。贫居闹市时的门可罗雀和富居深山时的远亲相访，足可以反映出金钱的巨大魅力。人性在金钱的诱惑中变得不再纯净。尔虞我诈，你争我抢，似乎除了金钱就再也没有更有价值的东西存在。

许多持有消极心态的人常说："金钱是万恶之源。"他们认为金钱让人堕落，让人犯罪，让人痛苦，让人毁灭。

持有积极心态的人，总是能看到金钱的美好面孔。

钱是古今第一哲学家，若能读懂钱，怎能不变为哲人？即使在茫茫荒漠中，钱犹如砂石一样无用，但钱的哲理仍在狂风中卷着；即使钱失去了外形，变成了一个密码，或者一张磁卡，但钱的精神也在其中储存着。

钱浓缩着人所有的希望！人之所以在不断创造、在不断进取，就因为看到了钱和钱负载的力量、智慧和信念。有了钱，人就有了倾注爱的对象；若失去钱，人不只孤单，更否定了自己。

因此，钱本无罪！只是有些人歪曲了钱的本质，自身也留下无尽的痛苦和悲哀。

金钱本身并无善恶之别，而是取决于使用金钱的人如何来运用它。金钱可以购买军火、毒品；同样也能够用来建造医院、教堂。金钱本身没有善恶之分，关键看掌握金钱的人如何运用它们。金钱用来造福社会，它就是善的；反之，用来毒害社会和大众，它就是恶的。

人们熟知的美国石油大王洛克菲勒就是一个典型的实例。他出身贫寒，在创业初期，人们都夸他是个好青年。当黄金像贝斯比亚斯火山流出的岩浆似的流进他的金库时，他变得贪婪、冷酷。宾夕法尼亚州油田地带的公民深受其害。有的受害者做出他的木像，亲手将"他"处以绞刑。无数充满憎恶和诅咒的威胁信涌进他的办公室。连他的兄弟也十分讨厌他，而特意将儿子的遗骨从洛克菲勒家族的墓园迁到其他地方。他说："在洛克菲勒支配下的土地内，我的儿子也无法安眠。"

在洛克菲勒53岁时，疾病缠身，整个人变得像个木乃伊，医生们终于向他宣告了一个可怕的事实：他必须在金钱、烦恼、生命三者中选择其一。这时，他才开始省悟到是贪婪的魔鬼控制了他的身心。他听从了医生的劝告，退休回家，开始学打高尔夫球，上剧院去看喜剧，还常常跟邻居闲聊。他经过一段时间的反省，开始考虑如何将庞大的财产捐给别人。

起初，这并不是一件容易的事，他捐给教会，教会不接受，说那是腐朽的金钱。但他不顾这些，继续热衷于这一事业。听说密歇根湖畔一家学校因资不抵债而被迫关闭，他立即捐出数百万美元而促成如今国际知名的芝加哥大学的诞生。洛克菲勒还创办了不少福利事业，帮助黑人。从那以后，人们渐渐地理解了他，开始用另一种眼光来看他。他造福社会的"天使"行为，不但受到人们的尊敬和爱戴，还给他带来用钱买不到的平静、快乐、健康和高寿，他在 53 岁时已濒临死亡，结果却以 98 岁高龄辞世。

金钱能为人服务，能帮助我们实现人生的目的。我们对于享受、对于欢乐、对于幸福、对于情爱、对于道德、对于公理、对于正义的需求，首先是要产生需求，然后才去追求。而离开金钱，我们的一切人生目的都只能是梦想，而最终演化为满腹牢骚。然而，如果失去人生目的，金钱就只能是洪水猛兽，只能是人类欲望的帮凶。

所以，我们在运用金钱时最重要的首先是认清自己的目的，而不是一味地埋怨金钱的诱惑作用。

因为金钱本身没有善恶之分。

当一个人埋怨金钱有罪时，就只能证明他自己的无能或者内心的不透明。

6. 金钱与自由你选择什么

从前有一个叫难陀的国王非常贪心，他拼命聚敛财宝，希望把财宝带到他的后世去。他想："我要把一国的珍宝都收集来，不能有一点剩余。"因为贪婪财宝，他把自己的女儿放在淫女楼上，吩咐她身边的人说："如果有人带着财宝来求我的女儿，把这个人连他带的财宝一起送到我这儿来！"他用这样的办法聚敛财宝，全国没有一个地方会留有宝物，所有的财宝都进了国王的仓库。

有一个寡妇只有一个儿子，心中很是疼爱。她儿子看见国王的女儿姿态优美，容貌俏丽，很是动心。可他家里穷，没法结交国王的女儿。不久，他生起病来，身体瘦弱，气息奄奄。他母亲问他："你害了什么病，病成这样？"

儿子把心事告诉了母亲，说："如果不能和国王的女儿交往，必死无疑。"

母亲对儿子说："但国内所有的一切金钱宝物都叫国王弄了去，到哪里去弄到钱呢？"母亲又想了一阵，说："你父亲死的时候，口里含有一枚金币，你如果把坟墓挖开，可以得到那枚钱，你用那钱去结交国王的女儿吧。"

儿子挖开父亲的坟，从口里取出那枚金币。之后，他来到国王的女儿那里。国王的女儿便把他连同那枚金钱送去见国王。国王见了，说："国内所有的金钱宝物，除了我的仓库，都没有了。你在哪里弄到这枚金币？你一定是发现地下的窖藏了吧。"

国王用了种种刑具，拷打这个寡妇的儿子，要问明白他得钱的地方。寡妇的儿子说："我真的不是发现了地下的窖藏。我母亲告诉我，先父死时，放过一枚金币在他的口中，我就去挖开坟墓，拿到了这枚钱。"

于是国王派人检验真假。使者去了，果然发现有这件事。国王听到使者的报告，心想："我先前聚集这么多宝物，想把它们带到后世。可是那个死人却连一枚钱也带不走，我要这些珍宝又有什么用？"

从此，国王不再敛财，一心教化民众，他的国家也因此而兴盛。

世间事总是难以两全，为金钱投入太多精力时你往往就需付出自由的代价，终日劳碌奔忙，无暇享受该有的自由和快乐，寡妇的儿子因为金钱被国王拷打，失去了追求美好生活的自由，而寡妇的丈夫因为金钱连安睡于九泉的自由都要丢失，那么国王丢掉的是什么？生前享受天伦之乐的自由。公主丢掉的是什么？自己选择生活伴侣的自由。这就是金钱的卑劣之处。

有一个农民想买一块土地，他打听到有个地方的人想卖地，于是就到了当地，向当地人询问土地的价格。

当地人说："只要交两个金币，给你一天的时间，从太阳升起的时候算起，直到太阳落下地平线，你能用步子圈多大的地，这些地就都归你了；但是在太阳落下地平线之前不能回到起点的话，这些土地你将一寸也得不到。"

农民心里想："那我辛苦一点，多走一些路，就可以圈更大的土地了，这样的生意实在是太划得来了。"于是他就和当地人签订了合约。

天刚刚亮，他就迈着大步向前奔走；到了中午，他也顾不得吃饭，当回头时他已经看不见出发的地方了。但是他仍然不停地往前走，心里在想："再忍耐一点，以后就可以多享受一点了。"

他又走了好远的路，眼看太阳就要落山了，他心里非常着急，因为太阳下山之前他不赶到起点，这些土地将不属于他了。于是他大步往回赶，可是太阳很快就要落到地平线以下了，终于他耗尽了全身的力气，这时离起点只剩两步了，当他倒下的时候两只手刚好触到起点的那条线。那片土地归他了，可是又有什么用呢？他已经失去了生命。

贪婪是人的本性。因为贪婪，无论穷人还是富人，都被金钱驱使和奴役。一生的幸福在没有来得及享受时就快速消逝。没有了生命何谈金钱和自由？所以，人不应该太贪婪，在有生之年让自己充分享受到活着的自由和快乐才是最重要的。

自古都言，"鱼与熊掌不可兼得。"我们可以追求金钱，但不可过分贪婪，否则，就没了自由。

第四章

悟生悟死
正确面对生死

佛陀说:"不应取法",讲万法归宗,真正的法只有一个,就是永恒的、不生不灭的自在法。你与死亡同体。所有生命都应该感谢死亡,因为如果没有它的限制,我们就真的死亡了。畏死者求生,怕黑的人自身放射光芒。

1. 生命无常

在佛陀时代，有一位妇人，她只生了一个儿子，因此，她对这惟一的孩子百般呵护，特别关爱。可是，天有不测风云，人有旦夕祸福；妇人的独生子忽然染上恶疾，虽然妇人尽其所能邀请各方名医来给她的儿子看病，但是，医师们诊视以后都相继摇头叹息，束手无策。不久，妇人的独生子就离开了人世。

这突然而至的打击，就像晴天霹雳，让妇人伤透了心。她天天守在儿子的坟前，夜以继日地哀伤哭泣。她形若槁木，面如死灰，悲伤地喃喃自语："在这个世间，儿子是我惟一的亲人，现在他竟然舍下了我先走了，留下我孤苦伶仃地活着，有什么意思啊？今后我要依靠谁啊？……唉！我活着还有什么意义呢？"

妇人决定不再离开坟前一步，她要和自己心爱的儿子死在一起！四天、五天过去了，妇人一粒米也没有吃，她哀伤地守在坟前哭泣，爱子就此永别的事实如锥刺心，实在是让妇人痛不欲生啊！

这时，远方的佛陀在定中观察到这个情形，就带领了五百位清净比丘前往墓冢。佛陀与比丘们是这么样的安详、庄严，当这一行清净的队伍宁静地从远处走过来时，妇人远远地就感受到佛陀的慈光摄受，她认出了佛陀！她忽然想到世尊的大威德力，正可以解除她的烦忧。于是她迎上前去，向佛陀五体投地行接足礼。佛陀慈祥地望着她，缓缓地问道："你为什么一个人孤单地在这墓冢之间呢？"妇人忍住悲痛回答："伟大的世尊啊！我惟一的儿子带着我一生的希望走了，他走了，我活下去的勇气也随着他走了！"佛陀听了妇人哀痛的叙述，便问道："你想让你的儿子死而复生吗?""世尊! 那是我的希望!"妇人仿佛是水中的溺者抓到浮木一般。

"只要你点着上好的香来到这里,我便能咒愿,使你的儿子复活。"佛陀接着嘱咐:"但是,记住! 这上好的香要用家中从来没有死过人的人家的火来点燃。"

妇人听了,二话不说,赶紧准备上好的香,拿着香立刻去寻找从来没有死过人的人家的火。她见人就问:"您家中是否从来没有人过世呢?""家父前不久刚往生。""妹妹一个月前走了。""家中祖先乃至于与我同辈的兄弟姊妹都一个接着一个过世了。"……妇人始终不死心,然而,问遍了村里的人家,没有一家是没死过人的,她找不到这种火来点香,失望地走回坟前,向佛陀说:"大德世尊,我走遍了整个村落,每一家都有家人去世,没有家里不死人的啊……"

佛陀见因缘成熟,就对妇人说:"这个婆娑世界的万事万物,都是遵循着生灭、无常的道理在运行;春天,百花盛开,树木抽芽,到了秋天,树叶飘落,乃至草木枯萎;这就是无常相。人也是一样的,有生必有死,谁也不能避免生、老、病、死、苦,并不是只有你心爱的儿子才经历这变化无常的过程啊! 所以,你又何必执迷不悟,一心寻死呢? 能活着,就要珍惜可贵的生命,运用这个人身来修行,体悟无常的真理,从苦中解脱。"老妇人听了佛陀为她宣说无常的真谛立刻扭转了自己错误的观念知见,此时围绕在冢间观看的数千人群,在听闻佛法真理的当下,也一起发起了无上菩提心。

生命每时每刻都在不停地消逝,然而能洞察到这一点的人却不多,洞察到能够超越的人更是微乎其微。通常,人们总是沉浸在种种短暂幻化泡沫式的欢乐中,不愿意正视这些。然而,无常本就是生命存在的痛苦事实,故生命从来就没有停止流逝。

然而生命的流逝乃至消失,又是必须面对的事实。逃避是不可能的，也无法逃避。无常的真理在事物中无时无刻不在现身说法；依恋的亲人突然间死去，熟悉的环境时有变迁，周围的人物也时有更换。享受只是暂时，拥有无法永恒。

秦皇汉武、唐宗宋祖，转眼间，而今都已不在。人世间的荣耀与悲哀，到最后统统埋在土里，化作寒灰。他们活着的时候，南征北战，叱咤风云，风流占尽，转眼间失意悲伤，仰天长啸，感叹人世，瞑目长逝了，也都化成一捧寒灰，连缅怀的袅袅香烟皆无。如果生前尚能冷静地反省，一定会明晓生活在世界上是大可不必吵闹不休的。"闲云潭影空悠悠，物换星移几度秋？阁中帝子今何在？槛外长江空自流"。

春该常在，花应常开，而春来了又去了，了无踪迹；花开了又落了，花瓣也被夜里的风雨击得粉碎，混同泥尘，流得不知去处。

的确，人们每提起"人生无常"这个观念，大多认为意义是负面的，但我们是否曾从相反的角度来考虑问题——若不是有无常的存在，花儿永远不会开放，始终保持含苞的姿态，那大自然不是太无趣了吗？大自然中，当花草树木的种子悄悄地掉落大地，无常就开始包围着它们，让阳光、土和水来滋养和改变它们，不消多久，植物的种子开始生根、发芽、长叶、开花和结果，让人们惊异于生命的可贵，这是无常带来的改变，这种改变是一种喜悦。

人们害怕无常，不喜欢无常带来的负面改变。但是，任何现象都是一体两面的，有白天就有黑夜，有好就有坏，有对就有错，有生就有死，有天堂也有地狱，因此不必害怕无常，反而要勇敢地接受无常，迎接它令人欢喜的一面，也接受它使人痛苦的另一面。

悟语

诸行无常，一切都不会久住。人、动物、花草、树木、山川、土地，都是不会常住的，会生便会灭。

2. 自杀是罪

一位诗人爱上了一个女人，而那个女人却无情地拒绝了他的示爱。家人非常担忧，怕他会自杀，都试着说服他。但他们越是这样尝试，他就越认为他应该自杀。他的家人不知道该怎么办，就把他的门锁起来，但他开始用头去撞门，他们变得非常害怕。

突然间，他们想到了诗人的朋友，一位得道的禅师，于是他们就来叫禅师，看能不能劝住发疯的诗人——至少他们是同一种信仰。

禅师去时，诗人正用头在撞门，看样子他真的很生气，完全下定决心了。

禅师告诉他："你为什么要把这出戏演得这么大？如果你想自杀，你就自杀，为什么要制造出这么大噪音？只用头撞门你是不会死的。所以，你跟我来，我们可以爬上楼去，从十几层跃下，何其痛快！为什么在这里搞得大家心神不宁？"

诗人不再用头撞门，他感到困惑：堂堂一个禅师，居然劝人跳楼？！

禅师继续喋喋不休："把门打开，不要再引来一大堆的观众，为什么要这么演戏，你只要跟我来，我们上楼，保证你很快会消失。"

诗人将门打开，看着禅师一脸困惑。于是禅师拉住他的手，把他用力地拉出来。

诗人往楼上走，变得越来越害怕。

他们到了楼顶，诗人突然变得很生气："你是我的朋友还是我的敌人？你好像想要杀死我。"

禅师辩解说："是你想要死，我作为朋友责无旁贷，我必须帮助你。

我已经准备好了，现在我们去栏杆那儿。今夜很美，月亮已经出来了，正是个好时候。"

诗人脸色煞白，咆哮道："你是何许人，你可以强迫我去死吗？"

禅师说："你看看！这就跟你念佛一样，有口无心。你追求的那个女人，心不向你打开，你就得不到她的爱；同样地，你的心不向佛祖打开，佛能接你去他的地盘吗？"

生活中有一些人也会像这位诗人一样在经历了挫折之后在生与死之间选择死。然而，在佛界看来，自杀亦是杀生，是人的罪业。

自杀是弱者的行为，是对生命意义无知的表现。其实一个人之所以想要自杀，不外乎太自私、太为自己着想，没有能力应付外来的压力。一个人如果天天只想"我"、"我想"、"我要"、"我爱"，就会感到生命很有限。只要能够活出责任，活出心中有人，自然不会想要自杀。一个人要爱大自然，这么美好的山河大地，为什么要离开呢？一个人要爱国家、社会、众生，这么有成就的社会，何以不爱它就想离开呢？想到家人、朋友，他们不是都爱过你、帮助过你吗？你何以忍心离开大家呢？所以能够活出责任，活出心中有人，自然不会想要自杀。

自杀在佛法看来，仍然是杀生。因为就佛法的因缘法来看，个人的躯体生命并非个人所有，乃由父母结合而生养，继而从社会接受种种所需以茁壮成长。故知生命的完成，是社会众缘所成就的，取之于社会大众，就要知恩反哺。所以每个人都有责任使自己活得更幸福，更有意义，没有权利毁灭任何生命。

佛陀曾经叱责自杀行为是"愚痴、非法"的。曾有比丘身染重病，苦不可忍，因此而选择自杀，佛陀还是加以劝阻。为什么在痛苦与死亡之间，宁愿选择前者？这应该与生命无限流转的事实有关，也就是说：从表象上看来，死亡似乎是痛苦的终结，但深层的实相却是：死亡只是另一期生命的开端。于是，痛苦并未真正终结，只是在亡者眷属的眼里，看似终结而已。

佛教的杀戒，又称断人命，不仅包括自己亲手杀人，即使唆使他人杀人或劝说别人自杀，皆犯波罗夷罪。此外，恶有"恶"、"大恶"、"恶中恶"三种，其中自杀与教人自杀是为"大恶"。

《梵网经》在止恶方面尤其具体而又严格。凡生者皆为我父、我母，故杀生即杀父、杀母。准此而言，自杀亦无异于杀父、杀母；以不杀为例，它不仅禁止杀人，亦禁止自杀，认为自己结束自己的生命，亦算犯戒。若自己没杀人，亦未自杀，只是鼓励、指使别人去行杀业也不行；若自己没杀，也没指使，但赞扬别人行杀业，如此心有杀生之念，亦应禁止。

此外，戒"杀生"的佛教，强调甚至连"杀心"都不能有。佛教非常重视心意犯罪的轻重，每一条戒相之中都有开、遮、持、犯的分别，犯同一条戒，因动机、方法、结果的不同，导致犯罪的轻重与忏悔的方式也不同。

如杀人时要具备"是人、人想、杀心、兴方便、前人断命"五个条件，才构成不可悔罪。这与刑法因重视犯罪意识和犯罪事实而制定的犯罪构成要件、阻却违法要件的道理是相同的。但是佛教心意戒的积极意义，在于要求个人生发地观照身口意的起心动念，防范不法于念头起时，较世间法更为彻底。

尤其自杀者当时的心情，必定是带着一种心灵的创伤，是在痛苦、哀伤、无助、绝望、焦虑，甚至是愤怒、瞋恨、懊悔的情绪中死去。就凭当下这么一念，死后必定堕入地狱转为恶鬼、畜生，这就是《俱舍论》所讲的"业道"。

有的人在世时常觉得"生不如死"，但是自杀后其实是"死更不如生"。自杀而死，虽然方法不同，但自始至终，痛苦了了分明，而且必受恶业果报。

因此，自杀并不是解决问题的办法，死，不是痛苦的结束，生命是随着个人的善恶业报而一再相续不断的。佛教讲善终，能够善终才能往生善道，才能得到真正的解脱。

由此可知，佛教十分重视生命，因此反对任何戕害生命的做法，主张应该在有生之年，发挥生命的光与热，以奉献一己、服务大众来扩大生命的价值与意义，延续生命的希望与未来，这才是正当的信仰之道，也才是我们面对人生应有的正确态度。

现代人工作忙碌，加上许多人因为追求完美、希望获得他人肯定而不断给予自己压力，加上又过度压抑情绪，压力指数也就一直降不下来，一旦时间久了就容易出现忧郁症。因此适时为情绪找出口，以及旁人的陪伴与倾听也益加重要。

想要真正走出生命"忧"谷，除了可求助精神科医师或心理咨询师等专业治疗外，对当事者而言，最重要的还是要找出自己的压力源头，学习如何处理压力、解决问题，才能避免压力如影随形，压得人喘不过气。

除了找出压力源外，如何舒解压力也是增加保护因子的良方，进行运动、旅游、散步、打坐、瑜伽等都是不错的方式。

忧郁症患者常因为情、财、事业等问题所困，导致自杀。但无论是何种原因导致忧郁自杀，归根结底，就是人们常常不懂得适时放下，也就是遇到困境无法转换光明、正向的念头。

要想转变心境，平日忧郁者应该多亲近身旁的能宽慰人心者，当遇到解不开的心结时，向他们请教。透过他们的劝导，往往能解开我们心头的谜团。此外，环境也能改变我们的心境。当我们心情郁闷时，不妨走出户外亲近大自然，找个绿地静坐沉淀思绪，都是解除烦恼的方法。

防止自杀，人人有责，从家庭成员、朋友同事到校园师生，我们要把大部分的自杀倾向，当作一种疾患，除了给予关怀、注意、开导之外，还要让有忧郁症意图自杀的患者建立病识感，以免延误就医而病情加重。

防止自杀之道，人们除了要有挫折教育，要有抗压能力以外，还要找出自己的人生目标。有目标，路就会走得远，走得长，因此要防范自己萌生自杀念头，惟有找出生命的意义与价值，活出生命的尊严与欢喜。

人的一生只能活一次，每个人都是独一无二的，别人代替不了，所以要正视"生命的一次性"与"不可替代性"，对自己的生命给予重视与尊严。当你懂得尊重生命，知道生命存在的可贵与难得，就会珍惜生命，而不会因一点挫折就自暴自弃，甚至丧失生存的意志而自杀。

如果能够了解生命的真相，就有力量去忍受、接受、化解。所以，希望想要自杀的人都能勇敢、坚强，以生命来服务、奉献大众，这不是比寻死要好得多吗？

 悟 语

不要提前结束你活着的责任和义务，生命不仅属于你一个人。

3. 参透生死心自宽

北宋大将军曹翰率部下渡过长江，进入圆通寺，禅僧们惊恐奔逃，而缘德禅师却跟往常一般平静地坐着，曹翰走到禅师跟前，禅师不站立不拜揖。曹翰大怒，呵斥道："长老没听说过杀人不眨眼的将军吗？"禅师看了他很久，回答说："你哪里知道有不怕死的和尚呢！"曹翰极为惊奇，对禅师产生了敬意，问："禅僧们为什么走散了呢？"禅师回

答："敲起鼓来自会集合。"曹翰让手下去击鼓，并无禅僧到来。曹翰问："为什么不来?"禅师答："因为你有杀人之心。"说着自己起身击鼓，禅僧们就来集合了。曹翰向禅师礼拜，请教取胜的策略，禅师从容答道："这不是禅僧所了解的事。"

缘德禅师不惧生死，从心理上击败了大将军曹翰，使圆通寺化险为夷。这种良好的心态是禅师智慧的表现，是在长期的修炼过程中养成的。人生一世，什么情况都会遇到，天灾人祸时时难免，只有炼就不惧生死的良好心态，才能镇定自若，冷静处理，走出险境。即使走不出去，也会大义凛然，视死如归，再现大丈夫气概，使后人代代敬仰，奉为楷模。

禅宗经典《正法眼藏》对人生的提示是：生即生，灭即灭，正视这轮回往复，均属自然。不怨天，不尤人。

我们在翻阅禅宗语录时，最使我们震惊的莫过于禅师在死亡之前的那种宁静旷达了。用"视死如归"一词语来形容禅师对待死亡的态度，是绝对没有一丝夸张意味的。唐代法常禅师是这样告别人世的：有一天，法常禅师对弟子们说："将要来临的不可抑制，已经失去的无法追回。"弟子们大概感觉到了什么，不知说什么好。静默之间，忽然传来老鼠的吱吱叫声。禅师说："就是这个，并非其他。你们各位，善自保重，吾今逝矣。"说完就去世了。再有，以烧佛像取暖而闻名禅林的天然禅师是这样逝世的：长庆四年六月，禅师对弟子们说："准备热水洗浴，我就要出发啦。"洗完澡，禅师戴上笠帽，穿上鞋子，操起拄杖，从床上下来，脚还没着地，就去世了。

类似的记载在禅宗语录和传记中屡见不鲜，更不是后人写作时的美饰和杜撰。得道禅师在死之前丝毫没有惊怕和恐惧，没有因留恋人生而引起的痛苦和不安，没有因世事牵累而造成的遗恨和困惑，而是通达从容，不失诙谐，保持了禅的风格、禅的精神的连贯和一致。禅师们对待死亡有此共识，出于多方面的宗教和人生涵养，其中有一条，那就是清楚地认识了自我在自然界中的适当位置，反映了禅对生命流程，对生死规律的深度认同。

日本关西电力公司在黑部川第四发电厂的建设施工中遇到了险情。当掘进主隧道的时候，碰上了破碎地带，冰冷的水止不住地从石缝中喷泻出来，工程搁浅，进度被迫停止。虽然动员了世界各国的土木工程权威专家，想尽了各种办法，技术上仍然无法解决问题。水不断轰响着向外涌流，公司的命运也处在了危急存亡的紧要关头。这时，负责指挥的太田垣士郎总裁，来到了现场。他穿好工作服，准备进入隧道。"总裁，太危险，您还是上去，这里由我们来干。"工人们在极力劝阻，因为进入隧道就会发生生命危险。然而太田垣总裁没有退后，他喊道："目标，掘进面！"说完，便踏进了齐腰深的冷水，向掘进面走去。工人们见此情景，纷纷下水，紧随其后，拼命和水流战斗，一时间，血和污泥混合在了一起。在总裁的带领下，工人们深受感动和鼓舞，每个人都是一身泥水，听到消息的公司其他职员们也纷纷伸出了援助的双手，开展了"帮助隧道工程"的活动，使公司终于渡过了难关。

生死对于每个人来说只有一次，他可以躲在舒适安全的环境中，碌碌无为度过一生；也可以将生死置之度外，在每一个关键时刻尽力地发挥出自己的光和热，为自己的一生留下一些有价值的、值得回忆的东西。当然，这得需要与命运作斗争的勇气和心胸。太田垣总裁正是以这种精神挽救了危难局势。有时候，在与困难作斗争的过程中，尽了最大的努力，也未能使希望实现，这时，我们也不要气馁，而要正视现实，查找根源，尽己所能，历炼心志，为以后能迎头赶上打下良好基础。

《正法眼藏》告诫世人：在无常到来之际，国王、大臣、亲属、仆人、妻子、珍宝，一切都是空的，只能一个人孤独地奔赴黄泉。

的确，在死亡面前，国王、大臣、亲属、仆人、妻子等，无论是高

贵还是卑贱，无论是富有还是贫困，都是无计可施的。受到这种人生无常的哲学思想熏陶之后，人们就会理解心平气和是悟道的表现，也就能够平心应物地生活下去。

良宽禅师这样写道："病就让它病好了，死就让它死吧！"可见，再没有比良宽禅师更心平气和的人啦！人生是不可预测的，世事无常，不知在什么时候人的生命就要中止了，所以，道元禅师说："正因为人生无常，才更要加倍努力追求正道。"

一个人的生命是有限的，这是十分明显的道理。在有限的生命历程中，能做些有意义的事，为后人留下点有价值的东西，就是我们要追求的正道。

悟 语

珍惜生命、顺应自然，该来的终归会来，该去的终归会去。我们无法挽留，也无法驱散，平心对待，一切随缘。

4. 珍惜活着的时间

有一个小和尚在一座名刹担任撞钟之职。他自认为早晚各撞一次钟，简单重复，谁都能做，并且钟声只是寺院的作息时间，没什么大的意义。就这样，敲了半年钟无聊至极，"唉，做一天和尚，撞一天钟吧。"

有一天，方丈宣布调他到后院劈柴挑水，原因是他不能胜任撞钟之职。

小和尚听了很不服气，心想我撞的钟难道不准时、不响亮？

方丈告诉他说:"你的钟撞得很响,但是钟声空泛、疲软,没什么力量。因为你心中没有'撞钟'这项看似简单的工作所代表的深刻意义。钟声不仅仅是寺里作息的准绳,更为重要的是要唤醒沉迷的众生。为此,钟声不仅要洪亮,还要圆润、浑厚、深沉、悠远。心中无钟,即是无佛;不虔诚,不敬业,怎能担当神圣的撞钟工作呢?"

时间对于每个人而言都是短暂的,我们应该对此有清醒的认识,不能像小和尚一样做一天和尚撞一天钟。

宋神宗时,宗本禅师应召住持洛阳慧林寺,多次进宫说法,备受礼遇。到了晚年,以老乞归。离开洛阳城的时候,前来送行的王公贵人车马相接。临分别时,宗本禅师告诫他们:"岁月不可把玩,衰老、疾病随时可能来到。只有勤于修习,千万不可懈怠。"

的确,人的一生是短暂的,不管你如何养生,死亡终究是免不了的。如何能不虚度此生呢?惟有充分利用时间,努力、努力、再努力。

时间对于每个人都很公平,它不因你地位高、权力大、富有而多给你一分一秒,也不因你位卑、势小、贫穷而少给你一分一秒,关键是你如何去把握它。鲁迅先生说过,浪费别人的时间等于谋财害命,浪费自己的时间等于慢性自杀。伟大的文学家高尔基也曾说:"世界上最快而又最慢,最长而又最短,最平凡而又最珍贵,最容易被忽视而又最令人后悔的就是时间。"我们要珍惜时间老人赐给我们的每一天,努力工作,让每一天都过得充实而又快乐,既不浪费自己的时间,更不浪费他人的时间。

一个人在年幼时总觉得时间是取之不尽,用之不竭的。如果你现在蹉跎岁月,等将来某一天你明白时间的宝贵时,可能就太晚了。财富是有形的东西,我们在消耗它时还能引起警觉;而时间是无形的东西,你稍一放纵自己,它就会溜走,而且根本不会引起你的注意。

颇具盛名的财务大臣劳伦斯曾说过:"为一便士而笑的人,就会为一便士而哭。"这句话同样适用于时间，即为一分钟而笑的人，就会为一分钟而哭。一秒、两秒的时间虽然极为短促，但你也不可轻视它。如果你不珍惜这看似微不足道的短暂时光，那么一天之中的无数个小时也将被浪费掉，一年下来，你浪费的时间将无法估量。

在对待时间的问题上，还有一点值得一提：你不要把"空闲时间"和"空白时间"混为一谈。例如，你要在两点钟去见一个朋友，但你在一点钟离开家门，准备顺道赶在两点钟之前去拜访另一位朋友。不巧的是，那位朋友不在家。这时，你该如何安排两点钟之前的这段时间呢？是在街上漫无目地闲逛，还是在咖啡馆里坐一会儿？如果是一个会利用时间的人，他绝不会让这段时间荒废掉。他会立刻赶回家，利用这段短暂的时间给朋友写封回信，或是做些其他有意义的事。其实，最明智的办法就是，你应在离开家门的时候随身带上一些简短、有趣、知识性的短文，以供在空白时间里阅读。

如果你不想让时间出现空挡的话，还有很多充分利用时间的好方法。无论如何，你应该明白，与其呆呆地不知该去做什么，不如效仿一下别人，有效地去分配时间。

如果一个人连片刻的时间都能有效利用，那么他便能把握住更多的时间。你不要认为片刻的时间很短促，浪费掉了也不可惜。如果你抱着这种态度，那么事后想再将它们追回来就困难了。因为时光不会倒流，它只能是义无反顾地向前，所以我们生命中的一分一秒都值得好好珍惜。

生命有限，时间无限，只要你懂得珍惜，时间将让你的生命延长。

5. 生死皆是禅

有一天夜里，洞山禅师说法没有点灯，禅僧能忍问洞山禅师："为什么不点灯呢？"洞山禅师听能忍这样一问，就叫侍者把灯点亮。然后洞山禅师对能忍说道："请你到我的面前来！"于是禅僧能忍走向前来。

洞山禅师对侍者说："你去拿三斤灯油送给这位上座！"

能忍甩甩袖子走出了讲堂，边走边思量：洞山禅师是慈悲？还是讽刺我的贪求？或者还有别的意思？经过一夜的参究，能忍若有所悟，于是拿出全部积蓄，举办斋会，供养大众。

禅僧能忍悟道后，在洞山禅师这里一住又是三年。三年后，能忍向洞山禅师告辞，说想要到别的地方去。

洞山禅师没有挽留，只是说："祝你一路顺风！"

等禅僧能忍出去后，一旁的雪峰禅师问洞山禅师道："这位禅僧走了以后，不知要多久才能回来？"

洞山禅师回答道："他知道他可以走，但他却不知自己什么时候可以再回来。你去僧堂看他一下吧！"

雪峰禅师到了僧堂，发现能忍坐在自己的席位上已经往生了。雪峰禅师赶紧跑去报告洞山禅师。

洞山禅师好像早已一切了然，说道："他虽然是往生了，但是却比我慢了三十年。"

能忍与洞山之间的这个小故事，揭示了一点中国禅宗的宇宙观与生命观。

能忍对三斤灯油产生意见的前后行动，说明了禅家修持由施舍成道这一关键。

能忍起先要求点灯，洞山不仅从命将灯点亮，而且照顾能忍修行的要求特意再给他三斤灯油。洞山禅师的禅风与慈悲，今日想来都令人佩服神往。

可是随后能忍却未能参透禅机，反起了傲慢之心，以为洞山在讽刺他。于是甩着袖子走了，闹起了情绪。

如果能忍从此一走了之，就像今天很多人"学禅"一样，回头再把洞山贬得一钱不值，他后面的悟道、参修、往生怕是麻烦就很大了。

不过能忍不愧是"能忍"，回头苦参了一夜，明白了洞山的品行修养。

于是能忍拿出全部积蓄，做了一回施舍。

能忍三年的苦参苦修想必也不是白费的，预知死期，道别时告诉老师：我要到别的地方去了。

洞山也以禅师特有的对死亡的透彻了解，正式地辞别：祝你一路顺风！随后这段故事里出现了第三位禅者，也是禅宗历史上很重要的一个人物：雪峰义存禅师。

雪峰禅师问洞山："能忍回来时是什么时候？"

洞山的回答则表明，能忍的功夫还不够透脱，走是走得了，能否回来就做不得主了（来去自如、生死自由的禅境还没有真正达到）。

至于随后洞山说能忍慢了三十年则大有深意——明明洞山你老人家好好地活着，人家能忍已经走路了，凭什么说人家反倒慢了三十年？

其实，秘密就在能忍初见洞山时的那三斤灯油的问题上。

能忍比洞山迟了一夜才行施舍，那么他的往生功德以此缘起自然要比洞山慢上三十年。

生死皆是禅，生时能了悟生之意义，能以"一口吞尽虚空"的气魄对己对人，生便是悟，死时能无怨，无碍一身清风正气。死才能了却一切痴怨，自由来去。及时了悟，当可及时摆脱这尘世的恩怨回环，让身心潇洒自在。

悟 语

这一生做到生时无怨，死时无悔，即谓不枉此生。

6. 由死而悟

日本的亲鸾上人 9 岁时，就已立下出家的决心，他要求慈镇禅师为他剃度。

慈镇禅师问他："你还这么年少，为什么要出家呢？"

亲鸾答道："我虽年仅9岁，父母却已双亡，我不知道为什么人一定要死亡？为什么我一定非与父母分离不可？为了探究这层道理，我一定要出家。"

慈镇禅师非常嘉许他的志愿，说道："好！我明白了。我愿意收你为徒，不过，今天太晚了，待明日一早，再为你剃度吧！"

亲鸾听后，非常不以为然地道："师父！虽然你说明天一早为我剃度，但我终是年幼无知，不能保证自己出家的决心是否可以持续到明天，而且，师父！你那么年高，你也不能保证你是否明早起床时还活着。"慈镇禅师听了这话以后，拍手叫好，并满心欢喜地道："对的！你说的话完全没错。现在我就为你剃度吧！"

亲鸾的态度充分表明了佛教对人生的珍惜。的确，净土宗的印光大师警诫行人——念死。为什么要念死呢？因为我们活在色、声、香、味、触、法的幻象世界，以浊秽为净，以无常为常，以逼迫为安，以虚蕊为实。不肯散财布施，不肯退步委曲，不肯柔和无净，更不肯给人信心和欢喜。过去的圣贤，所谓立功、立德、立言，福泽后人，他们施予众生福乐恩惠，增添人间富丽色彩，他们无憾而终，含笑归去！

人经历世间数十年的寒暑岁月，终究会有老病死亡的一天，很多人面临死亡，常常是不甘愿、不放心地离开。因为他还有志愿没有实现，还有事业没有完成，还有恩惠来不及报答，还有善事功德不尽圆满。

他们感觉自己对于世间亏欠很多，可是无常一到，由不得人拖延一刻，最后迫于无奈，只有把种种的歉疚和惭愧带进棺材里。因此，一个人在世间，该担负的责任要一肩挑起；受别人的滴水恩德要及时回报；需要忏悔认错的事，更不要推诿粉饰；需表达沟通情感，何必吝于开口呢？心头摒除闲事牵绊，自在洒脱地走人间一回。

不要把歉疚带到棺材里，让我们重新省思生命的价值，今生要留下什么在人间呢？贪欲还是施舍？瞋恨还是宽恕？斗争还是和平？索求还是余荫？

平常死亡对我们而言，像梦一般遥远，我们总想：怎么会呢？但事实上那是每个人终有一天都会面对的现实，即使最爱的人也要被迫分离，被迫抛弃已有的财产、地位，终究要到另一个世界去的。浑然不觉的我们总是生气蓬勃地度过或哭或笑的一生。

其实我们每天都一步一步地走向死亡！有一个少年，他患了一种肌肉萎缩的难治病症，医生已经宣告来日不多。他不但接受这个死亡宣告，并正视直逼而来的死亡。对其不多的人生，他认为应该留下"我确实已来过一遭"的证明，所以每天拼命地作诗。

我们也许认为死亡是几十年以后的事，或者认为是马上要面临的事，此二种想法不同，生活态度亦随之差距甚大。

倘若我们认为死亡是很久以后的事，则不会慌慌张张地急着要把活着时该做的事做完。但如果死亡迫在眼前，则必会将所剩短暂的时日区分清楚，好好地把握。

日本的上智大学精神科教授小术贞孝曾走访全日本的监狱，他获得一个惊人的结果，那就是死刑犯和无期徒刑犯之间，想法与态度有很大的差别。

死刑犯中有人一晚可作出 20 句甚至 30 句的俳句，或者读完一本深奥难懂的书，或者给同一位女性写了 300 封之多的信，等等，每人都显出自己精力最旺盛的一面。

相反，无期徒刑囚犯则对任何事都提不起兴趣，简直毫无气力、毫无感觉。

仔细想想看，我们每夜不都在死亡的状态中吗？睡眠是一种假死状态，只不过确知第二天早晨会醒过来，方能安心入睡罢了。谁都无法保证明天一定还会活着，所以不妨将今天视为生命的最后一天，竭尽全心去努力生活吧！

念死，是因为我们活着。与其在死前掂念未尽的一切，何不在生时做到让自己无憾。

第五章
悟进悟退
自由进退、智者长存

佛陀说:"应无所往",也就是说不可停留。在你停留的地方,就是你的路终止的地方。

1. 以退为进

有一位学僧正在寺前的围墙上临摹一幅龙争虎斗的画像。图中龙在云端盘旋将下，虎踞山头，作势欲扑。虽然他已修改多次，却总认为其中动态不足。这时，无德禅师从外面回来，学僧就请禅师评鉴一下。

无德禅师看后说："龙和虎的外形画得很好，但龙与虎的特性你又知道多少？现在应该要明白的是龙在攻击之前，头必须向后退缩；虎要上扑时，头必然向下压低。龙颈向后的屈度越大，虎头越贴近地面，它们也就能冲得更快、跳得更高。"

学僧非常欢喜地说道："师傅真是一语道破，我不仅将龙头画得太向前，虎头也太高了，怪不得总觉得动态不足呢。"

无德禅师借机说教道："为人处事，参禅修道的道理也一样。退一步的准备之后，才能冲得更远。"

学僧不明白，又问："师傅，退步的人怎能向前？"

无德禅师严肃地说道："手把青秧插满田，低头便见水中天；身心清净方为道，退步原来是向前。"

学僧至此才醒悟。

禅者乃人中之贤，以退为进，以谦为尚，所以他们看似不争、不进，实则是大争、大进。无论生活中你遇到了什么情况，都必须考虑周密，该退时则退，该进时则进，如果逆时而动，结果只会是失败。必要时能够以退为进，则人生大事可成矣。

曾几何时，日本丰田汽车公司为了确保汽车在日本的销售市场，深谋远虑，从解决城市的汽车与道路的矛盾入手，先后成立了"丰田交通环境保护委员会"，在东京车站和品川车站首次修建"人行道天桥"；还投资 3 亿日元在东京设立了 120 处电子计算机交通信号系统，使交通拥挤现象得到缓解；另外还投资创立了汽车学校培养更多人学会开车；还为儿童修建了汽车游戏场，从小培养他们学会驾驶本领。良苦用心最终如愿以偿，汽车销量日益增多，公司效益也相当可观。

丰田缘何营销成功？一言以蔽之：采取"以退为进"的营销策略。此招，乍一看，他们所做的种种事似乎与汽车销售是风马牛不相及的，此乃"醉翁之意不在酒"，这是一种迂回战术。现实生活中，有时走迂回道路，反而比走直路更易达到目的地。试想想，假如丰田公司一味从正面宣传自己产品如何好，结果很可能是多花了冤枉钱，销路依然不畅。采取"退"，表面上看似离开了汽车销售这一主题，事实上达到了占领市场增加销路的目的。

这个事例告诉我们，面对一座极为陡峭的高山险峰，我们不要冒险去攀援直壁而上，应绕着山路环行，以便安全到达山顶。我们捕鱼时，要用渔竿、渔网，而不是要跳到水中乱抓乱搅，因为那样恐怕一条鱼都不会捞到；一截钢条，我们要想将它弄弯，直接用力去折，恐怕会将其折成两半，但若先用火烧红，再用锤头敲打，则可使其成为我们想要的形状。

美国有一家经营新型剃须刀公司，原公司负责人曾答应经营客户通过新闻等媒体为新剃须刀大力促销。然而，后来这家公司由于内部亏损即将倒闭而被另一公司买下，由于当时审查广告的机构对剃须刀是否是医疗用品争论不休，宣传活动被迫取消。为此客户声明要退回剃须刀。收回剃须刀，对一个刚刚收买来的毫无经济实力的公司来说，无疑是一个沉重的打击，这意味着将危害到公司的贷款合约，被银行抽回资金；然而不收回剃须刀，则与客户建立的关系将毁于一旦。在进退两难之际，公司新的负责人为了不失掉最大潜在客户，只好采取"退"的决策，同意收回剃须刀，同时积极与银行交涉，力争把损失减到最低限度。按正常发展速度估计，同意退回后，还需经过大致两个月的文书往返，到那时回来的退货已经少了很多，再加上退货之后，还有一个月才需要退还货款，到 3 个月后，公司一切都已走了正轨，有能力消化这些损失。和银行方面达成协议之后，结果如预料的那样。3 年后，公司业务蒸蒸日上，良好的信誉使这家客户占公司业务的 50%，而不是原来的 20%。这就是退一步虽失小利，终获大利。

"先予后取，以退为进"的要领在于不计当前利益，着重长远利益，吃小亏，占大便宜。所有的退却都是为将来更大的发展做铺垫。生活中有些人只顾眼前收获而没有长远打算，这是一种不明智的行为。有时，一些退路是必走的，迂回而行比盲目向前要可靠得多。

悟 语

退亦是进，进亦是退，进退成败，皆须因时而动。

2. 人生要随缘而定

一个和尚因为耐不住佛家的寂寞下山还俗去了。

不到一个月，因为耐不得尘世的口舌，又上山了。

不到一个月，又因不耐寂寞还俗去了。

如此三番，老僧就对他说："你干脆不必信佛，脱去袈裟；也不必认真去做俗人，就在庙宇和尘世之间的凉亭那里设一个去处，卖茶如何？"

这个还俗的人就讨了媳妇，支起一个茶店。

日子过得红红火火。其实，人生中的前进与后退没有定势。假如，生活无法让你继续前进或者连退路都难以走通，那你不妨随缘而定。

从小我们就被教导要持之以恒，做事情要有恒心和毅力。比如："只要努力，再努力，就可以达到目的。"你如果按照这样的准则做事，你常常会不断地遇到挫折和产生负疚感。由于"不惜代价，坚持到底"这一教条的原因，那些中途放弃的人，就常常被认为"半途而废"，令周围的人失望。其实，人生有些事是强求不来的，实在做不到何不放弃，如果你死钻牛角尖不放，那么你就是放弃了在其他事情上成功的机会。

正是因为持之以恒这个害人的教条，使人们即使有捷径也不去走，而弃简就繁，并以此为美德，加以宣扬。美国前总统候选人巴布·杜尔（BobDole）在离开参议院时说："我会不辞艰辛地去竞选，我曾经不畏艰辛地做好任何一件事，这种方式对我十分有益。"我们并不否认杜尔先生对国家的贡献和个人取得的成就，但很可能正是由于他不辞艰辛的做事方式，使他日见苍老、疲惫和心力交瘁。

人们应该调整思维，尽可能用简便的方式达成目标。如果你在与别人做同一件事情的时候，可以躺在树荫下的吊床里，喝着柠檬汽水，打着手机，轻松自如地完成工作；而其他人则要急匆匆地赶公交车，拿着塞得满满的公文包，走在繁忙的街头，在接待室里挨着时间等待……二者相比，你当然应该得到更多的喝彩。

一个推销员被客户以"再说吧"这样的轻松方式逐渐毁掉前程。他在每一次与客户洽谈业务的时候都力图操纵局面，所以客户能给他的答案只有"再说吧"。而他办公桌上的档案大多也是"容后再议"。他日复一日地与这些客户满怀希望地联络，却毫无所获，仍以此为荣。

他的这种坚忍不拔的精神没有实用价值。收入丰厚的推销员只是尽快行动，要求客户给出明确的"是"或"不是"的答案。这样他们就不必在已接触的客户身上再花费时间和精力，而及时投身到与下一个客户的业务上去。不论你把推销讲得多么复杂，它首先是一个数字游戏。你能很快了解谁对你说"不"，你就听到更多次的"是"。

这位勤奋、却自毁前程的推销员认为，只要他能坚持不懈地与这些客户一而再、再而三地联络，凭着他的执著，他的客户一定会与他达成交易。他认为自己的毅力一定会瓦解客户的拒绝。事实却不尽如人意。

《思考致富》一书的作者拿破仑·希尔曾经在爱迪生的实验室中访问他。爱迪生做了一万多次实验才发明了电灯。希尔问他："如果第一万次实验失败了，你会怎么办？"

爱迪生回答："我就不会在这儿与你谈话了，此刻我会把自己锁在实验室中，做第一万零一次实验。"

这个小故事被大多数谈到"进取"的演说家用作坚忍不拔的典型例证。他们会说："每次你打开电灯的时候，都可以感受到爱迪生是一个毅力非凡的人。"这是无稽之谈，我们应该感受到的是：爱迪生是用科学的方法进行发明创造的科学家。

希尔没有表达出来的、也许他认为人们可以自己领悟出来的是：爱迪生不是把同一个实验做了一万次。他做了一万个不同的实验，也就是做了一万次假设，而且——发现不对就马上放弃。他做了一万次的半途而废。

执著是一种可贵的精神，但如果你坚持的东西本身有问题，那你的执著就该被称为固执，一个人想登月球，他的理想很伟大，但是能够登月的又有几人呢？如果他坚持他的选择至死不悔，那么我们会说他执著还是可笑呢？所以"半途而废"也是一种智慧。

悟语

自在随缘，"半途而废"又有何不可？

3. 向目标直行

一天，钓鱼人看见一个老和尚在凛冽的寒风中过河。老和尚把自己脱得一丝不挂，然后顶着衣服一步一步走下水去。

钓鱼人喊住老和尚说："师傅，上游有桥。"

老和尚说："知道。"

他说："师傅，下游有渡。"

老和尚还说："知道。"

但老和尚没有回来，他一步一步远去，在呼啸的寒风中走向对岸。

在老和尚之前和老和尚之后，有无数青年也要过河，但到河边他们就停下了。他们问钓鱼人附近有桥吗？钓鱼人说："上游十里有桥，下游十里有渡。"

年轻人听了，立即离开河边，或上或下绕道而去。有一个人或许嫌路远，没走，他脱了鞋，一步一步走进水里。当冰冷的河水没过膝盖时，那人停住了，继而，又一步一步回到岸上，穿好鞋离开河边绕道而去。

也许在我们前进的过程中，会有许许多多的艰难险阻。那么，你怎么办？选择绕道而行，还是直面困难，向目标的方向勇往直前，无论前面有多少荆棘。

佛说："贤者能看破放下，不因为有人讥毁而伤心，不因为有人称誉而欢喜。贤者之心，有如石山，虽有大风，亦不动摇；亦即有讥毁贤者，有称誉贤者，贤者皆不动心。"

汉代的史学家司马迁就是这样一位执著坚忍、披荆斩棘、自强不息的历史强人。

公元前145年（汉景帝中元五年）司马迁出生在一个仕宦家庭。司马迁的父亲司马谈，曾任汉武帝的太史令。汉代的太史令，主要掌管天文星历、占卜祭祀、文书记载等事情，属于比较一般的职司。然而，司马谈博学多才，精通天文学、易学和黄老学，是一位著名的学问家。他写过《论六家要旨》的学术论文，将古代的学术思想分为阴阳、儒、墨、名、法、道六家，并对各家的优缺点进行过评论和总结，其中对道家思想尤其推崇。司马谈崇尚道家，与当时汉武帝的"独尊儒术"，显然是针锋相对，独树一帜。他是一位敢于坚持己见的思想家。司马迁在这种家学的熏陶下，受到了很大的影响。

公元前108年，司马迁在他父亲死后的第三年，正式继任父职，做了汉武帝的太史令。从此，他利用宫廷图书馆，搜集大量文献资料，为著述《史记》做了许多准备工作。

公元前104年，司马迁以满腔热情，开始著述《史记》。他胸怀壮志，夜以继日，勤奋笔耕。但是，这种平静的著述生活，只过了短短五年，一场横祸突然袭来，使他陷入了绝境。这就是"李陵案"的发生。

公元前99年（天汉二年），汉武帝派宠妃李夫人的长兄李广利与名将李陵分兵出击匈奴。李陵率步卒五千人，出居延（今甘肃额济纳旗东）与匈奴三万骑兵相遇，杀敌数千人。匈奴单于大惊，立即调来八万骑兵，全力围攻李陵。在这种情况下，李陵转战千里，士卒死伤无数，最后箭尽道绝，救兵又不至，终于被俘投降。李陵兵败投降的消息，引起朝中一片震动，大臣们都纷纷归罪李陵。当汉武帝问司马迁对这件事的看法时，他直言不讳，毫无顾忌地为李陵辩护。汉武帝立刻大怒，认为司马迁有意打击李广利，为李陵开脱罪责。结果，司马迁被下狱论罪。第二年，又以"诬罔主上"的罪名，将他判处死罪。根据汉代的刑法，死罪可以用钱赎罪，也可受"腐刑"（即宫刑，阉割男子生殖器的一种刑法）抵罪。司马迁家贫，没有钱赎罪，又得不到亲友的接济，终于受了腐刑。

司马迁蒙受奇耻大辱，精神受到沉重的打击。在他看来，一切耻辱，"腐刑极矣"！他痛不欲生，曾想自杀。但是，又想到"人固有一死，或重于泰山，或轻于鸿毛"，不明不白地死去，"若九牛亡一毛，与蝼蚁何以异"！想到"草创未就"的不朽事业，司马迁终于在冷酷现实面前，逐渐地冷静下来。于是，这位为流俗所鄙薄的史家，"隐忍苟活"，并以古代圣贤发奋著述的事例激励自己，用他"身残处秽"的生命去完成那部"究天人之际，通古今之变，成一家之言"的史学巨著——《史记》！

从司马迁的故事中，我们不难看出，执著不仅仅是生存的需要，更是心灵的需要。毕竟，人活着不能没有东西吸引你往前走，也不能不为追赶上这个东西而付出奔跑。或许，我们奔跑了仍然没有追上，但为了有所追求而执著，虽是艰辛的，但为之执著地付出了，也未必不是一种幸福。

不论你身居显位，还是身处平常街巷，无论你奔波于闹市通衢，还是栖身于田园山水，只有有所执著才能置常人眼中的得失、荣辱、毁誉于不顾，才能拥有笑傲人生的旷达与潇洒。执著是一场漫长的分期分批的投资，而成功是对这场投资的一次性回报。执著于自己所爱的事业，追求一份成功与收获，该是生命的价值与意义。只有坚守执著才可能有所收获。为了我们的事业与生活，我们应该永远坚守执著。在目标的引领下，不惧艰辛，不绕道而行。也许收获有迟有早，有大有小，但我们坚守执著本身，就是一种人生的大收获。欣赏执著，品味人生。如果说软弱是生命的悲哀和无奈，逃避是意志的沉沦和丧失，那么执著则是理想的升华和永恒。

 悟 语

没有多少时间让我们绕道而行，既然选择了就该直面困境。

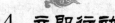

4. 立即行动

一位禅师训诫他的弟子说："必须注意，切莫虚度时光。游览州县，横担拄杖，一千里二千里不停地游。这边过冬，那边度夏。好山好水随你心意，多斋供，又易得衣粮。苦恼委屈呀！苦恼委屈呀！受人一斗米，失却了半年粮，如此行脚有什么好处？诚心施主的一把菜一粒米，如何能消受呢？必须自己努力，没人可以替代。时光不会等待人，一朝死难临头，将用什么来抵挡？莫要像一个落入汤锅里的螃蟹手脚忙乱，没有说话的地方。切莫等闲，虚度了光阴。一旦失去了人身，将万劫不复。这不是小事，不要只顾目前。为了以后的修成正果，你必须立即做你该做的事。"

拖延，可以把自己拖垮，因为任何憧憬、理想和计划，都会在拖延中落空。把今天的事情拖到以后去做，所耗去的时间和精力要比今天就做大得多。立即行动，便会使人感到简单而快乐；拖延执行，便会最终使人感到艰辛而痛苦。避免拖延的惟一方法，就是随时主动地行动。我们在做某项重要决定时，可能是困难和痛苦的，但正确的决定一经做出，就要立即行动决不拖延。

有一个寓言故事是这样讲的：多年以来，一位老农的农田当中，一直横亘着一块大石头。这块石头碰断了老农的好几把犁头以及其他的农具。老农对此无可奈何，巨石成了他种田时挥之不去的心病。

一天，在又一把犁头打坏之后，想起巨石给他带来的无尽麻烦，老农终于下决心了结这块巨石。于是，他找来撬棍伸进巨石底下，这时却惊讶地发现，石头埋在地里并没有想象的那么深、那么厚，稍使劲就可以把石头撬起来，再用锤打碎，便可清出地里，老农脑海里此时闪过多年被巨石困扰的情景，再想到本可以更早些把这桩头疼事处理掉，禁不住一脸的苦笑。

从这则寓言故事中，我们会领悟出这样的道理：遇到问题应立即弄清根源，有问题更须立即处理，决不可拖延。如果一再拖延，造成的损失就会日益增大。

事实上，我们每个人都或多或少、或这或那地存在着一种不良习惯——拖延。我们常常因为拖延时间而懊恼不已，然而下一次又会惯性一般地拖延下去。这种现象，我们几乎可以不时遇见，以至于我们不以为然，以为它就是人的一种不可改变的本性了。

拖延时间，看似人的一种本性，实质上是在工作和生活中养成的一种极其有害于工作和生活的恶习。几乎人人都希望在工作和生活中消除因拖延而产生的各种忧虑，但是，不少人却没有将自己的愿望付诸行动，不知道自己所推迟的许多事情其实都是自己可以尽早完成的。我们

第五章

悟进悟退

自由进退、智者长存

不能够把自己拖延时间的这一毛病归咎于外界因素，因为拖延时间的是我们自己，由此受害的也是我们自己。

只有那些懂得如何利用"今天"的人，才会在"今天"创造成功事业的奠基石，孕育明天的希望。

拖延是吞噬生命的恶魔。一日有一日的理想和决断，昨日有昨日的事，今日有今日的事，明日有明日的事。有位专家在经过多年研究后得出结论："世上有93%的人都因拖延的陋习而一事无成，这是因为拖延能杀伤人的积极性。"

你是一个办事拖拉的人吗？拖延是人性的弱点，在生活中不仅强大而且令人讨厌；如果每当遇到糟糕的情况，你总是说"我应该做它，但应付它现在已经太晚"，那么，你的"拖延"误区的形成则不能归咎于外在力量的影响，它完全是由你自己造成的。

很少有人能坦率地承认他的拖延，这种心态从长远来说是不健康的。拖延这一行为本身实际上是一种反映神经官能症的情绪副作用和固定的行为模式。如果你觉得你喜欢拖延并且没有负疚感、焦虑感或忐忑不安，那么，你就继续那样做下去好了。但是，你所期待已久的幸福却迟迟不会到来。

命运常常是奇特的，好的机会往往稍纵即逝，犹如昙花一现，如果当时不善加利用，错过之后就后悔莫及。决断好了的事情拖延着不去做，往往还会对我们的品格产生不良影响。惟有按照既定计划去执行的人，才能增进自己的品格，才能使其人格受到他人敬仰。其实，人人都能下决心做大事，但只有少数人能够一以贯之地去执行他的决心，而也只有这少数人是最后的成功者。

当一个生动而强烈的意念突然闪耀在一个作家脑海里，他就会生出一种不可遏制的冲动，要把那意念描写在白纸上。但如果他那时有些不便，无暇执笔，一拖再拖，那么，那意念就会变得模糊，最后，竟完全从他思想里消逝。

一个神奇美妙的幻想突然跃入一个艺术家的思想里，迅速得如同闪电一般，如果在那一刹那间他把幻想画在纸上，必定有意外收获，如果拖延着，不愿在当时动笔，那么过了许多日子，即使再想画，那留在他思想里的好作品或许早已消失了。灵感往往转瞬即逝，所以应该趁热打铁，立即行动，及时抓住。

佛说："今天的一天，比明天的两天还要好。愚痴的人、懒惰的人，碰到做工，都要拖延下去：中午可以做好的，要拖到晚上；今天可以做好的，要拖到明天，有的要拖延到后天。这样，他的工作，一定就会衰退，因为没有人喜欢这样的拖延。"

拖延不可救人，却可以害人，选择了拖延就等于选择了倒退。

5. 以勤作桨

唐代百丈怀海禅师，继承开创丛林的马祖道一禅师以后，立下一套极有系统的丛林规矩——百丈清规。所谓"马祖创丛林，百丈立清规"，即是此意。怀海禅师倡导"一日不作，一日不食"的农禅生活，曾经也遇到许多困难，因为佛教一向以戒规范生活，而百丈禅师改进制度，以农禅为生活，甚至有人批评他为外道。因他所主持的丛林在百丈山的绝顶，故又号百丈禅师。他每日除了领众修行外，必亲执劳役、勤苦工作，对生活中的自食其力极其认真，对于平常的琐碎事情，尤不肯假手他人。

渐渐地，百丈禅师年纪老了，但他每日仍随众上山担柴、下田种地。因为农禅生活就是自耕自食的生活。弟子们毕竟不忍心让年迈的师父做这种粗重的工作，因此，大家恳请他老人家不要随众出坡（劳动服务），但百丈禅师仍以坚决的口吻说道："我无德劳人，人生在世，若不亲自劳动，岂不成废人？"

弟子们阻止不了禅师服务的决心，只好将禅师所用的扁担、锄头等工具藏起来，不让他做工。

百丈禅师无奈，只好用不吃饭的绝食行为抗议，弟子们焦急地问他为何不饮不食？百丈禅师道："既然没有工作，哪能吃饭？"

弟子们没办法，只好将工具还给他，让他随众生活。百丈禅师这种"一日不作，一日不食"的精神，也就成为丛林千古的楷模！

勤为无价之宝，有益而辛勤的劳动总是人们安身立命的基础。古话说："业精于勤而荒于嬉。"一切术业的专精与实业的成就都在于勤奋地付出努力，名誉和光荣所构成的因素，就是辛劳所结的果实。

人性的偏失，最需注意防范的就是逸乐。

"户枢不蠹，流水不腐，以其劳动不息也。"停蓄池水，因为不流动的缘故，遂生腐败的细菌。逸乐并非幸福，逸乐惯了的人，越逸乐越觉不足，致使机能皆废，无事可做。人世间就因怠惰而令人毁心销骨，一切恶事皆由此生。

一个人精神的怠惰，比起身体的怠惰更糟，好像有智慧而不使用，有思想而不知探索，不就是如同销毁无价值的废料一样？

勤劳精神在个人生存和发展中起着决定性作用。古人云："一生之计在于勤"。早在《易经》中就有这样的言论："君子终日乾乾，夕惕若厉，无咎。"即君子白天辛勤不倦，自强不息，晚上谨慎小心，即使陷入危险境地，也可化险为夷。

佛说："一个人如果能对自己的工作与职位，勤勉不怠，不粗心大意、不放逸，对于事件又能妥善办理，对于安身立命及生活职业亦安排得适当合理，那么资财对于他来说，未得者可得，既得者则能永远妥为保存，不致散失。"

中国历代对勤勉敬业褒扬有加。周文王的祖父留给周文王的训条是：敬胜怠者吉，怠胜敬者灭。敬重地对待自己的工作，克服怠惰懒散的习惯就会得吉；让怠惰的心理占上风就要遭灭亡。孔子的先祖正考父是这样对待职务晋升的：《史记》记载他"一命而偻，二命而伛，三命而俯"。偻、伛、俯是表示背脊弯曲程度的字。俯已是面朝黄土背朝天了。官当得越大，他的腰弯得越厉害，危机感越重。三命是上卿之职。就凭孔子先人的这种敬业精神，鲁国大夫盂釐子认为"圣人之后，必有达者"，临死时把儿子叫到身边，对儿子说："我死后你要把孔子当老师，跟他学习。"汉武帝一次问社会贤达、八十多岁的申公如何治理国家，申公说："为治者不在多言，顾力行如何耳。"就看你身体力行得怎样。"德"这个字比较抽象，难以把握。古人提出"力行近乎德"。任何事情你只要力行就接近于有"德"了。南宋将领郦琼兵败投降了金国，继续带兵打仗，对两国将帅的作风深有体会：金军打仗，元帅、王爷都临阵督战，矢石交加战斗白热化时脱去盔甲指挥，各级将校意气自如，下面士兵没人敢怕死；南宋将帅出兵，身居数百里外，军令派侍从传递，而且这个军令也是参谋助手的主意，不是将帅自己深思熟虑的决定。郦琼认为金国军队所向无敌，而南宋军队像惊弓之鸟，听到金军拨拨弓弦发出点声响就败散而逃也是必然的。

《诗经·小雅》教导后人："密尔从事，不敢告劳。无罪无辜，谗口嚣嚣。"把你的事情做得密实些，不要说什么功劳苦劳。即使你无罪无错，还会有人到处说你不好。所以古贤勤小事，免大患。勤勉敬业的楷模是诸葛亮，人们用"鞠躬尽瘁，死而后已"来形容他。这是诸葛亮《后出师表》里的句子，也是他出师前向扶不起的阿斗皇帝表明心迹的话。他也是如此实践的，53 岁就过劳死了。他如果活到 73 岁，中国的这一段历史也许就要重写了。他留下的"军井未汲，将不言渴；军幕未施，将不言困；军火未燃，将不言寒；军食未熟，将不言饥"，是他带兵的沥血之言。诸葛亮的勤勉实在令人叹为观止。

勤劳是一个人生存发展的需要，是立身修德最基本的要求，同时也是在人生历程中不断前进的资本。以勤作桨。人生才会更有意义。

勤劳一日，可得一夜安眠；勤劳一生，可得幸福长眠。

6. 欲速则不达

有个旅行者因为时间紧，急着赶路，就一边吃东西一边走，不小心脚下一滑，摔了个跟头，半天也没爬起来。佛祖路过看见了，就问他："你为什么非要边吃边走呢？"

旅行者说："因为我急着回家。"

"可你这么一摔跤，想赶早是不可能了，只会更晚。"佛祖对他说。

古语说"欲速则不达"。事情就是这样，好像有时在跟你作对，你越急于求成，结果就越发缓慢。有人就是愿意一口吃个胖子，想在有限的时间里，同时完成几件事。但毕竟条件有限，这么做恐怕不能如愿。

大学毕业后，聪明漂亮的谷雨决心在北京扎根并做出一番事业来。她的专业是服装设计，本来毕业时是和一家著名的服装企业签了工作意向的，但由于那家企业在外地，谷雨经过考虑没有去。如果去了，谷雨就会受到系统的专业学习和锻炼，并将一直沿着服装设计的路子走下去。可是一想到会几十年在一个不变的环境里工作，可能会永远没有出头之日，这点让谷雨彻底断绝了去那里的念头。她在北京找了几家做服装的公司，可大公司不愿意要没有经验的学生，小公司的条件又让谷雨看不上，无奈只有转行，到一家贸易公司做市场营销。

　　一段时间以后，由于业绩迟迟得不到提高，谷雨感到身心疲惫，对工作产生了厌倦。心气很高的她感到还是自己干更好，于是联系了几个同学一起做服装生意。本以为自己科班出身，做服装生意有优势，可是服装销售和服装设计毕竟不是一回事，不到半年，生意亏本不说，同学间也因为利益不均闹得不欢而散。

　　无奈，谷雨只好再找地方打工，挣了钱用于还债。由于对工作环境的不满意，谷雨又换过几个地方，几年下来，她感到几乎找不到自己前进的方向了。专业知识忘得差不多了，由于没有实践经验，再想做已经很难。经历倒是很丰富，跨了几个行业，可是没有一段经历能称得上成功……现实的残酷使谷雨陷入很尴尬的境地，这是她当初无论如何没有想到的。

　　像谷雨这样不满足于现状的人总是希望命运能青睐自己，给予自己更多的赏赐。他们怀有"分金恨不得玉、封公怨不授侯"的心理。往往对未知的事物存在很多幻想，对已经历环境的不足则盲目夸大，不想去适应环境，而是尽量选择逃避。他们一方面对适应环境缺乏足够的自信，另一方面却坚信自己能找到比现在的环境更优越的地方。这种以幻想为主导的思想指导下的行为，其结果就可想而知了。许多朋友在陷入这种心理状态后，经常会被美好的前景所诱惑，就像只看到对面山上青草绿地的小牛，而忽视了脚下的这片青草。有时候也经过一番思想斗争，但最终是以美好幻想的破灭而告终。

　　小钟是一家公司的总裁秘书，在这家公司已经效力了整整 4 年。4年里，总裁换了 5 个，而小钟却始终是历任总裁信任的秘书，这在任何

第五章

悟进悟退

自由进退、智者长存

83

公司都是不多见的。小钟并非相貌出众、个性张扬的人，但作风严谨，工作很少夹杂个人好恶，加上积极能干，熟悉公司业务，能给予总裁极大的工作帮助，因而成为每位总裁的得力助手。许多人认为这个整天默默工作的小女子肯定有别人不知道的职场"秘籍"，小钟却淡淡地说："在其位，谋其事，我只是去尽力做好一个秘书的工作罢了，没有任何秘密可言。"最后，小钟以一名资深优秀员工的身份就任公司人力资源部经理，走进了公司决策层，她的前途被公司高层一致看好。

　　不管是像谷雨这样的环境不断改变的职业生涯，还是像小钟这样的敢于在比较艰难的环境里一直向前走的职业生涯，虽然还难以预言她们最终的成败，但她们的经历对自己的前途造成的影响却是不可否认的。她们给了我们很多启示，让我们思考在自己职业生涯中应该保持什么样的心态、走什么样的路。她们的经历也给我们验证了一个必须遵守的处世之道：好高骛远的结果只会是离目标越来越远。

　　我们在人生的旅程中会看到许多山峰，但我们不可能得到所有美好的东西。上帝对每个人都是公平的，当你为没有得到而苦恼时，还是仔细想一下自己将会失去什么吧。就像一则寓言中所说的：一头牛总是想着山上的青草，不想吃脚下的草，结果却饿死了。要知道，脚下的土地未必不肥沃，现在张口就能够吃到的青草可能不会比对面山上的更多、更新鲜，但确是实实在在的收获。认识到这一点，你会在人生的道路上少许多遗憾。一个人要学会循序渐进，不要幻想一步登天。充满幻想有时候会成为一种动力，有时候也会成为一个陷阱。任何成功都需要积累，需要付出，甚至需要大量的、长时间的奋斗。

 悟 语

　　踏实走好每一步才是前进之道。

第六章
悟守悟立
变通当随时随势

佛陀说:"万法无滞",你不停留,便不被困住,在该流动和超越的空间里,如果你依然保持原有的状态就只能被淘汰和遗忘。

1. 因时而守，因地而变

佛教是从印度传来的，但是中国佛教的特质，归根结底是由中国国情所制约和决定的。佛教不是一成不变的信仰和思想，中国佛教在形态、方法和理论系统上都存在着不同于印度佛教的特点。

中国的文化土壤和印度的文化土壤不同。在印度，僧人见了父母和王者都不跪拜，在中国，王者要求僧人跪拜。在印度，佛教有治外法权，在中国，佛教则必须受世俗法律治理。中国的皇帝君王们，可以出于维护封建统治需要而扶植佛教，也可以出于同样的需要限制佛教。中国古代有自己的一套道德规范，有"忠"、"孝"这两面大旗，有儒家思想的正统地位，有道家思想的深刻影响。佛教若想在中国传播，不听王命不行，不讲"忠"、"孝"不行，不遵国法不行，不与儒学、道学妥协、调和也不行。所以，中国的佛教学者，绝大多数在出家以前，已经受到了儒家学说的洗礼，再经道家思想的熏化，然后再学习佛教理论。所以，号称明代佛教四大师之一的德清禅师说："为学有三要：所谓不知《春秋》，不能涉世；不精《老》《庄》，不能忘世；不参禅，不能出世。"他宣传"孔老即佛之化身"。印度佛教种在中国的土地上，成了与原身有很多不同的中国佛教。

但达摩东渡后依然保持着印度佛教的修行方法，即是住心观静，面壁坐禅，行头陀行，达摩采用的又是"外息诸缘，内心无喘，心如墙壁"的入道之法，实在是太苦太苦了。达摩在嵩山少林寺面壁修道，而且一坐就是九年，几乎身不离洞，迹不出山，这自然是传说，但这种传说令人生畏，如此艰苦的修炼法，还不把人吓跑？从古到今的达摩画像，也因此而形成一个模式：满脸络腮胡子，眼大眉粗，神形清苦，面壁而坐，怒颜张目。

六祖慧能之前，禅定修行大多讲究坐卧壁观之法，强调以坐禅为务。达摩壁观九年，终日苦坐，四祖道信"数十年中胁不至席"，五祖弘忍及弟子神秀皆以静坐苦熬为修行之法。他们无不在长夜静坐中，以"渐修"方式求解脱。

惟六祖慧能学禅不步人后尘，适应实际情况，一反传统，大胆提出"禅非坐卧"。他说："住心观静，是病非禅；长坐拘身，于理何益？"慧能曾写一偈，云：

生来坐不卧，死去卧不坐。

一具臭骨头，何为立功课？

慧能反对僵化、单一而死板的坐禅方式，是一种改革。慧能的学佛习禅的顿悟观，更加适应中国的国情，所以慧能的南禅才能"青出于蓝而胜于蓝"。

学习有两种形式：一种是把别人之长与自己国家、企业、个人的具体特点结合起来，使别人之长更具适应性；另一种是不顾具体情况，生搬硬套，人云亦云，似邯郸学步，东施效颦。简单模仿，只求"形似"，反而有害。

悟 语

模仿的目的不是东施效颦而是要走出新路。所以，模仿不应是简单的效仿。

第六章　悟守悟立　变通当随时随势

2. 让不可能成为可能

在一个村子里，被沙漠围困的村民守着一片绿洲过了几千年。他们总是试图走出去，但总是又回到原地，因此他们认为这片沙漠是走不出去的。

一天，村里来了一位鹤发红颜的云游和尚，人们围住他不断地劝说他不要再去冒险。他们说：

"这片沙漠你是走不出去的，我们祖祖辈辈都没有走出去过。"

可是，云游和尚没有相信他们的话，他默默地出发了。在沙漠里没有方向无疑是死路一条，他白天休息，晚上看北斗星走。有了方向，走出沙漠就成了简单的事情。三天三夜，他就走出去了。

越是一般人认为不可能的事情，其实越有可能做到。大家认为不可能，必然谁也不去关注，谁也不去攻击，谁也不去设防，不可能实现的事情必然没有竞争对手，你正好独身一人乘虚而入。军事上"不可能"成为"可能"的战役屡屡发生，商家应从中有所领悟。

1939年9月1日拂晓，德国军队经过精心准备，突袭波兰。波兰军队仓皇应战，虽有一定的抵抗能力，但因准备不足，波兰军队全线崩溃，9月3日，英法两国对德宣战，第二次世界大战就此爆发。

法国并非波兰，法国兵力强大，拥有二三百万大军和先进的武器装备，国内的经济实力也不比德国差。特别是法国还拥有一条坚不可摧的马其诺防线。为了防备德国进攻，法国早在10年前就精心构筑了防线，而且从瑞士到比利时之间的东部国境的防御体系，一直修筑了6年。法国是当时欧洲最大的陆军强国。

1940年，德军绕过这条固若金汤的防线攻入法国。德国装甲师选择了一条道路，正是法国将军们认为不可能让坦克穿过的地带，防线失去了作用。结果，短短的一个月内，法军就溃不成军。

这种"不可能"成为"可能"的战例还有很多：

在第二次世界大战中，盟军选择的登陆及向德军反攻的地点是诺曼底。那里的海浪及岩石海岸使德国认为，任何规模的登陆都不可能选择在这样恶劣的地点进行。

在史称"布匿战争"之中，迦太基的统帅汉尼拔率军越过山高坡陡、道路崎岖、气候恶劣、积雪终年的阿尔卑斯山，这条道路是一条被认为不可能穿过的死亡之路，然而罗马人做梦也想不到汉尼拔如此神速地出现在他们面前，猝不及防。

大多数人认为不可能做到的事肯定是十分困难，甚至是难以想象的事。因为太难，所以畏难；因为畏难，所以根本不敢尝试；不但自己不敢去尝试，认为别人也做不到。其实，只要是有规律可循，世上没有什么不可能办到的事，办成只是个时间问题。客观上没有"不可能"，并不等于主观上没有"不可能"，如果主观上认为"不可能"，那就真的不可能了；主观上认为"可能"，那么，任何暂时的"不可能"终究会变成"可能"。人类的创造力使许多不可能变成可能。

许多事情看似不可能，其实是受思维定势的影响，打破了思维定势，许多不可能就会变为可能。

例如，水的声音可以卖钱看起来是异想天开，但是美国的贝尔，四处周游，灵机一动，用立体声录下了许多小溪、小河、小瀑布的"潺潺声"，复制后高价销售。买"水声"者居然络绎不绝。德国一家酒店抓了不少青蛙，这种青蛙发出的有韵律的叫声，被誉为大自然的美妙乐章。店主灵机一动，便推出一台"青蛙音乐晚会"，每位客人交150美元可以享受五个晚上的青蛙"乐章"，结果获利甚丰。水声、蛙声，对一般人来说不可能想到让其成为获利工具，但有人确实靠这发了财。

新加坡有个大型海鲜企业——海鲜市场和餐馆。它的广告牌上有一句话："海里游的，这儿都有。"大到鲸鱼身上的每一可食部位，小到显微镜下才能看清的富有营养的浮游生物，应有尽有。至于龙虾、鲍鱼、梅花参等更是常品，随时可以买到。

广告牌所说的似乎不太可能。怎样才能使不可能变为可能呢？那就是去除惰性，不惜重金，不吝时间与精力，到世界各渔业公司组织货源。一次，一位客人要吃新加坡活的壳鱼，海鲜公司闻讯立即行动，派人用特殊渔网到特定海域打捞，渔网出水前一刹那，用特殊吸管连鱼带水一起装入一特殊容器，专车送到机场，等待的专机立即起飞。在飞机上，还要保证适当温度的海水，适量的氧气供应。到达目的地，又有专车抢运，保证客人得以尝鲜。

许多事情看似不可能，其实是由于人们被胆怯束缚，打破了胆怯，许多不可能就会变成可能。

一个成功者的一生，必定是一个与风险拼搏的一生，除非不干事业，干事业则必有风险。松下幸之助发迹之前是一个一贫如洗的学徒。他不屈服于命运，将小小的客厅改为作坊，把积攒的全部家当97美元全部用来制造电器插座。几次试验的失败，竟把老本全部用光。松下又把结婚时购置的衣物送入当铺，终于渡过难关，发明出第一项新产品——双插座接电器，从此迈出了成功之路的第一步。如果松下当初胆怯了，不敢冒倾家荡产之险，就不可能有今天的松下公司。

所以大多数人认为不可能实现的事情，你努力去做，反而成功的可能性越大。因为工作风险越大，你的成功几率也大，因为无人与你竞争。在发明创造和市场营销中经常发挥作用的，正是在上述各实例中起作用的因素——未预料性。所以，大多数人认为不可能的事，你不妨试试。如果你害怕失败，成功的可能性就很小。

在别人眼里的不可能，在你的努力之下也许会成为可能，这是由具体情况的变化所决定的。因此，不要被不可能吓倒。

3. 坚持与变通

一位禅师派他的三个徒弟去远方。把他们送到路口，吩咐道："从这儿往北都是通畅的大路，沿着这条大路走，不要走岔路。"

三个徒弟把师傅的话铭记心中，然后辞别师傅，沿着大路往北走。他们走了大约二百里，发现有条河横在面前，沿河往西走半里就有一座桥。其中一位徒弟说："我们向西走一里路，从桥上过吧！"

其他二位皱着眉头说："师傅让我们一直往北走，我们怎能走弯路？"

说完，他们三个互相搀扶着涉水而去。

过了河，又走了大约二百里，有一堵墙挡住了去路。其中一位又说："我们绕过去吧！"

另外两个仍坚持说："师傅教导我们无往不胜。我们怎能违背师傅的话？"

于是迎墙前进，"砰"地一声，三人碰倒在墙下。三人爬起来还互相勉励："与其违背师命苟且偷生，不如遵从师命而死。"然后又互相搀扶，向墙上撞去……

做任何事都要有灵活性。这条路走不通，还有另外一条。只要能达到目的，走哪条路都一样。没有必要一条道走到黑。

第六章

悟守悟立
变通当随时随势

91

从前有两个年轻人，一个叫小山，一个叫小水，他们住在同一村庄，是最要好的朋友。由于居住在偏远的乡村谋生不易，他们就相约到远方去做生意，于是同时把田产变卖，带着所有的财产和驴子到远方去了。

他们首先抵达一个生产麻布的地方，小水对小山说："在我们的故乡，麻布是很值钱的东西，我们把所有的钱买成麻布，带回故乡一定会有利润的。"小山同意了，两人买了麻布，细心地捆绑在驴子背上。

接着，他们到了一个盛产毛皮的地方，那里也正好缺少麻布，小水就对小山说："毛皮在我们故乡是更值钱的东西，我们把麻布卖了，换成毛皮，这样不但我们的本钱回收了，返乡后还有很高的利润！"

小山说："不了，我的麻布已经很安稳地捆在驴背上，要搬上搬下多么麻烦呀！"

小水把麻布全换成毛皮，还多了一笔钱。小山依然只有一驴背的麻布。

他们继续前进到一个生产药材的地方，那里天气苦寒，正缺少毛皮和麻布，小水就对小山说："药材在我们故乡是更值钱的东西，你把麻布卖了，我把毛皮卖了，换成药材带回故乡一定能赚大钱的。"

小山拍拍驴背上的麻布说："不了，我的麻布已经很安稳的在驴背上，何况已经走了那么长的路，卸上卸下太麻烦了！"小水把毛皮都换成药材，又赚了一笔钱。小山依然有一驴背的麻布。

后来，他们来到一个盛产黄金的小镇，那是个不毛之地，非常欠缺药材，当然也缺少麻布。小水对小山说："在这里药材和麻布的价钱很高，黄金很便宜，我们故乡的黄金却十分昂贵，我们把药材和麻布换成黄金，这一辈子就不愁吃穿了。"

小山再次拒绝了："不！不！我的麻布在驴背上很稳妥，我不想变来变去呀！"小水卖了药材，换成黄金，赚了很多钱。小山依然守着一驴背的麻布。

最后，他们回到了故乡，小山卖了麻布，只得到蝇头小利，和他辛苦的远行不成比例。而小水不但带回一大笔财富，把黄金卖了，转眼间成为当地最大的富翁。

生活中的许多事都是如此，也许你无法得知结果之前很快做出坚持还是变通的结论。但你一定要在灵活、周密的考虑之后做出该守还是该破的决定。否则，只能一事无成。

是坚持还是变通，需要你从多个角度考虑问题，学会选择，你就具备了成功者的素质。

4. 坚守自我

有一个诗人跪在一尊高大的雕像前，虔诚地拜着。他面露忧郁，显得无精打采。这时，一位云游四方的和尚来到他身旁。诗人来不及站起身，激动地问："今有一事求教，请指点迷津。伟人何以成为伟人？比如说，像这尊雕像。"

和尚从容地说："伟人之所以伟大，是因为我们跪着。"

"什么？因为我们跪着？"

"是，站起来吧，你也可以成为伟人。"和尚打了一个站立的手势。

"真的?"

"真的，与其执著拜倒，不如大胆超越。"

在现实中，无破则不立。但破有破的基础，立有立的规矩，倘若为破而盲目崇拜，到头来只会让自己迷失了方向，只有在充分认识自己的基础上，并能保持清醒头脑的人，才能在坚守自我的前提下，打破陈规陋俗的束缚，最终成为他人膜拜的楷模。

几十年前，一位住在犹他州首府盐湖城的年轻人做了一件反常的事，令认识他的人大跌眼镜。在这之前，他因为工作勤勉努力，生活节俭有规律而被所有朋友称道。

那么，他做了什么呢？原来他从银行中取出他的全部积蓄买了一部新车，这还不是最"愚蠢"的，当他把新车开回家后，就在车库里动手拆卸汽车，车库里摆满了零零散散的汽车零件。他仔细检查了每个零件，然后又把汽车装好，这个行为重复了许多遍，人们对此感到大惑不解，嘲笑他是不是"疯了"。

几年后，那些嘲笑过这位年轻人的人不得不承认他们错了，而这位年轻人具有远见，他开始制造汽车了。他的产品领导了整个汽车工业，他还在汽车这个领域做了许多有价值的改进和革新，他成功了。这个当年反复拆装汽车的年轻人名叫沃尔特·珀西·克莱斯勒。

几乎每一个成功的故事都源于一个伟大的想法，而故事的主人公无一例外地会遇到怀疑和困境。而他们的过人之处就在于能够使这些杂音在头脑中沉寂下来，让自己静静地倾听真正的声音。他们的"疯狂"并非真的盲目，其中蕴含着目的，蕴含着方法。正因为如此，他们对自己的行为抱有积极的态度。

曾有人形象地把人比作一条船。在人生的海洋中，有的人像无舵船，他们幻想能漂到一个富裕繁荣的港湾。但是面对风浪海潮的起伏变化，他们束手无策，只能随波逐流，幸运的能漂进某个避风港，不幸者可能触礁或搁浅。但那些成功者，他们花时间研究计划、确定目标和航向，他们会选择最佳航线，学习航海技巧，从此岸到彼岸，有计划地行进。那些无舵船航行的距离，他们只要两三年就走完了。他们的成功之处就在于自我调节。

一位推销员在街头推销汽球。生意稍差时，他就会放飞一个汽球。当汽球在空中飘浮时，就会有一群新顾客聚拢过来。他每次放飞的汽球颜色都不相同，白的、红的、黄的、绿的。这时，有一个黑人小男孩怯生生地拉了一下他的衣袖，仰头望着他，问道："先生，如果你放的是黑色汽球，它还会上升吗？"推销员望着飘浮在空中的汽球，意味深长地说："孩子，让汽球上升的不是它的颜色，而是它里面所装的东西。"

汽球推销商说的是正确的，能使你登上成功巅峰的就是你自身具有的勇气、意识、意志。

中国人一直有一种祈求被人重用的心理。如"良禽择木而栖，良臣择主而事"、"士为知己者死，女为悦己者容"、"人敬我一尺，我敬人一丈"等。这种被动心理的外化形式表现在各个方面，在中国与外国之间，崇洋媚外，唯洋为是的表现即是其一；在日常交往中，拼命地巴结和讨好有权有势者，一切的阿谀奉承、溜须拍马、谄媚取宠、请客送礼等均源于此种心理；在同僚之间明争暗斗、嫉贤妒能、互相拆台、设置陷阱等也源于此种心理。必须认清，此种心理是对人生的误导。

敢于重用自己，终究必有大成。心理学研究表明；人的潜能是无限的，大有越开发越丰富之势，敢于重用自己的人，总是努力开发自己的潜能去完成其高远的目标。虽然他在实现目标的过程中，常常会遭受一些挫折和失败，但他从挫折和失败中学到的东西比从成功和顺利中学到的还要多，每一次的挫折和失败都是向成功迈进了一大步。所以他终有大成。

每个人的命运都在自己手中，每个人都可做出惊世骇俗的业绩，关键就在于敢不敢重用自己。谁要总将命运寄托于他人，祈求他人的重用，那结果必将是受人役使和摆布，或者"为他人作嫁衣裳"。

任何模式的重新确立都有一定的基础作为依托，失去了这个依托，就只能称之为破坏了。

5. 找不同的方法

老和尚出了一道难题，想考考小和尚们。

"当你来到一条大河边上，岸边无树可伐为舟，无竹可伐为筏，无桥架于水上，无神龟浮出驮你过河，甚至你也不擅泅泳，也不准施展特异功能如飞天遁地，也不可以借助外物和异象，比如河床忽然干涸等，如果非得过河不可，你如何过得？"

众人哑然。良久，一小和尚说："我可以仿效佛祖达摩，一苇渡江，可否？"

老和尚摇头："达摩是达摩，你是你，不可。"

又有一人说："我泅入河中，将浑身衣服湿透，然后爬上原岸，背向大河，让人以为我已过河，可否？"

老和尚又摇摇头，无可奈何地公布答案："往上游走。"

众和尚顿悟。

人一生的创新能力到底有多大？人的创造力为什么不能完全发挥出来？其中的主要原因还是思维定势。当我们第一次获得某种成功时，会在不经意中形成思维定势，产生智力创新的惰性，因而限制了以后的发展。

要想在生活中突破这种限制就必须在生活中寻找创新的方法，这就要做到：

（1）把握住瞬间即逝的灵感

灵感稍纵即逝，如果你不能很快抓住，可能一去不复返。那些懂得发掘创造力的人，都已学会如何捕捉和保留那个瞬间的灵光一现。

发明家、作家习惯于携带便笺，为的是随时记下他们的灵感，而有时甚至餐巾纸或糖果纸也是他们良好的工具，那么，你该怎么做呢？其实很简单，闭上眼睛，身体放松，让思维自由飞翔，让思想自由驰骋。离开了房间？离开了地球？离开了星际？只要别想你周围的人或事，你的面前常常会豁然开朗，觉得到了一个你从未曾到过的世界，一些奇妙的想象也因之而来。

（2）从失败中寻找答案

使思维敏锐的有效办法之一，就是把自己放在可能失败的困难环境中。奇怪的是，只要你处理得当，失败往往就是成功的动力。这是因为，在失败后，我们不得不尝试一些新的办法，这对创造力的培养十分重要。许多意念的互相竞争，可以大大加快创意的进程。

例如，你过去转动门把手都很容易，这次若转不动，你会拽上拽下，或者用力去摇。最后，你可能肩撞脚踢，甚至喊人帮忙。这些办法源于已熟悉的行为，而创造力并不神秘，它就隐藏在你已知的事物中。

（3）开拓视野涉足不同领域

知识越广博，你潜在的创造力就越丰富。无数的进步是源于创造者在不同的领域都拥有丰富的经验。所以，你应该尝试去涉足你一无所知的领域，进而强化你的创造力。更重要的意义还在于，越来越多的新兴科学产生于两种学科的交叉处，多领域的视野更容易使你触类旁通。

（4）利用刺激的作用

不妨在你周围放些可以激发大脑潜能的东西，并经常更换这些刺激源，借此增强创造力。例如，在你的办公桌上放上一个唐老鸭玩具，或

第六章 悟守悟立 变通当随时随势

是一枝玫瑰花，或是重新布置一下你的房间。不断的变化，有利于思维的发展。

与周围的人相互沟通也是制造刺激的一种方式。"说者无意，听者有心"，也许，正是某人无意中随口说出的一句话，刺激了你头脑中的某根神经，念头在这一瞬间消失，思想却挥之不去了。

创造性思维，可以锻炼和提高人的认识能力。人们为了了解某些尚未认识的事物，总要探索前人没有运用过的思维方法，寻求没有先例的办法和措施去分析认识事物，从中获得新的认识和方法，从而锻炼和提高人的认识能力。创造性思维，可以极大地丰富人类的知识宝库。在实践过程中，运用创造性思维，提出的一个又一个新的概念，形成的一种又一种新的理论和做出的一次又一次新的发明和创造，都将不断增加人类的知识总量，丰富人类的知识宝库，使人类去认识越来越多的事物。

悟 语

创新源于生活，用于生活，激活生活。

第七章

悟爱悟恨
爱恨因缘而起

佛陀说:"色不异空。"指出空(虚无)与色(实有)相依存,当你感觉空虚时,你就获得了实实在在的空虚。这是你最大的收获,你将根据你收获的空虚收获等量甚至超量的快乐与幸福。

1. 最伟大的母爱

有一位杀猪的屠夫对母亲忤逆不孝，常生气并恶口叱责母亲。但屠夫尽管不孝，对观世音菩萨的信仰倒还有几分虔诚。

一次，他跟着进香团，到南海普陀山朝拜观世音菩萨。他听说，普陀山的梵音洞常常有菩萨现身，他四处找寻，却不见菩萨的踪影。

屠夫十分失望，心里想：为何无缘见到活观音呢？恰好路上走来一个老和尚，屠夫上前询问老和尚："我在梵音洞找寻菩萨的真身，从早到晚遍寻无踪，我怎样才能亲见菩萨？"

老和尚一听："你要见活观音吗？观音到你家里去了，你回家就能见到活观音。"

屠夫深信不疑，临别再问老和尚："要如何认得活观音的模样呢？"

老和尚说："她的衣服是反穿的，鞋子也是倒过来穿的，你只要看到反穿衣、倒踏鞋的人，就是活观音。"屠夫听完老和尚一番指点，非常兴奋，一路赶着回家。

回到家已经三更半夜了，屠夫一心要看到活观音，焦急地敲门："快来开门啦！"

母亲听到是儿子的声音，因为惧怕儿子的粗暴，急着起床开门。匆忙之间，将衣服穿反了，鞋子也踏错了。打开门时，儿子看到母亲的样子，不就是老和尚所说的活观音吗？

屠夫终于心有所悟，知道老和尚的用心，原来时时刻刻为儿女含辛茹苦、受尽人间艰苦的母亲就是活观音。

世间最伟大的爱就是母爱。这爱没有史诗的撼人心魄，也没有风卷大海的惊波逆转，母爱就像一场春雨，润物无声，绵长悠远。它沉浸于万物，充盈于天地。有了母爱，人类才从洪荒苍凉走向文明繁盛；有了母爱，社会才从冷漠严峻走向祥和安康；有了母爱，也才有了生命的肇始，历史的延续，理性的萌动，人性的回归。《华严经》中说："勇猛丈夫观自在。"至于观世音菩萨在此世界多现女身道理在于：女众内心中的柔和慈善胜过男子。特别是母爱，观世音深知世间母爱的伟大，所以处处示现女身，感化世人，将世间的母爱加以净化而扩大，去慈爱一切众生，成就正知正觉。

讲一个关于母爱的故事吧。我们没有理由不赞美她，不回报她。

在一个大雪的冬夜，一个小男孩紧紧地拉着母亲的手，胆战心惊地往回走，在一个前不挨村后不挨店的鬼地方遇到了狼。

他们站在原地，紧盯着两匹狼一前一后慢慢地向自己靠近。那是两只饥饿的狼，确切地说是一只母狼和一只尚幼的狼崽，在月光的照映下能明显地看出它们的肚子如两片风干的猪皮紧紧贴在一起。母狼像一只硕大的狗，而狼崽却似小狗紧紧地跟随在母狼的身后。

母狼竖起了身上的毛，做出腾跃的姿势，随时准备着扑向他们，用那锋利的牙齿准备一口咬断他们的喉咙。狼崽也慢慢地从母狼身后走了上来，和它母亲站成一排，做出与母亲相同的姿势！

男孩的身体不由得颤抖起来，然而那位母亲面部表情却是出奇的沉稳与镇定，她轻轻地将男孩的头朝外挪了挪，悄悄地伸出右手慢慢地从腋窝下抽出那把尺余长的砍刀。砍刀因常年的磨砺而闪烁着慑人的寒光，在抽出的一刹那，柔美的月光突地聚集在上面，随刀的移动，光在冰冷地翻滚跳跃。

杀气顿时凝聚在了锋利的刀口之上。

也许是慑于砍刀逼人的寒光，两只狼迅速地朝后面退了几步，然后前腿趴下，身体弯成一个弓状。男孩紧张地咬住了自己的嘴唇，因为他听母亲说过，那是狼在进攻前的最后一个姿势。

母亲将刀高举在了空中，但右手在微微地颤抖着，颤抖的手使得刀不停地摇晃，刺目的寒光一道道飞弹而出。这种正常的自卫姿态居然成了一种对狼的挑衅，一种战斗的召唤。

母狼终于长嗥一声，突地腾空而起，身子在空中划了一道长长的弧线向他们直扑而来。在这紧急关头，母亲本能地将男孩朝后一拨，同时一刀斜砍下去。没想到狡猾的母狼却是虚晃一招，它安全地落在离母亲两米远的地方。刀没能砍中它，它在落地的一瞬快速地朝后退了几米，又做出进攻的姿势。

就在母亲还未来得及重新挥刀的间隙，狼崽像得到了母亲的旨意紧跟着飞腾而出扑向母亲，母亲打了个趔趄，跌坐在地，狼崽正好压在了母亲的胸上。在狼崽张嘴咬向母亲脖子的一刹，只见母亲伸出左臂，死死地扼住了狼崽的头部。由于狼崽太小，力气不及母狼，它被扼住的头怎么也动弹不得，四只脚不停地在母亲的胸上狂抓乱舞，棉袄内的棉花一会儿便一团团地被抓了出来。

母亲一边同狼崽搏斗，一边重新举起了刀。她几乎还来不及向狼崽的脖子上抹去，最可怕的一幕又发生了。

就在母亲同狼崽搏斗的当儿，母狼避开母亲手上砍刀折射出的寒光，换了一个方向朝躲在母亲身后的男孩扑了过去。男孩惊恐地大叫一声倒在地上用双手抱住头紧紧地闭上了眼睛。这时，狼口已到了男孩的颈窝。

也就在这一刻，母亲忽然悲怆地大吼一声，将砍刀埋进了狼崽后颈的皮毛肉，刀割进皮肉的刺痛让狼崽也发出了一声渴望救援的哀嚎。

奇迹在这时发生了。

母狼喷着腥味的口猛地离开了男孩的颈窝。它没有对男孩下口。但仍压着他的双肩的母狼正侧着头用喷着绿火的眼睛紧盯着母亲和小狼崽。母亲和狼崽也用一种绝望的眼神盯着自己的孩子和母狼。母亲手中的砍刀仍紧贴着狼崽的后颈，她没有用力割入，砍刀露出的部分，有一条像墨线一样的细细的东西缓缓地流动，那是狼崽的血！

母亲用愤怒恐惧而又绝望的眼神直视着母狼，她紧咬着牙，不断地喘着粗气，那种无以表达的神情却似最有力的警告直逼母狼：母狼一旦出口伤害男孩，母亲会毫不犹豫地割下狼崽的头！

动物与人的母性的较量在无助的旷野中持续起来。

无论谁先动口或动手，迎来的都将是失子的惨烈代价。

相持足足持续了5分钟。

母狼伸长舌头，扭过头看了男孩一眼，然后轻轻地放开那只抓住男孩手臂的右爪，继而又将按在男孩胸上的那只左脚也抽了回去，先前还高耸着的狼毛慢慢地趴了下去，它站在男孩的面前，一边大口大口地喘气，一边用一种奇特的眼神望着母亲。

母亲的刀慢慢地从狼崽脖子上滑了下来，她就着臂力将狼崽使劲往远处一抛，"扑"的一声将它抛到了几米外的草丛里。母狼撒腿奔了过去，对着狼崽一边闻一边舔。母亲也急忙转身，将已吓得不能站立的孩子扶了起来，将他揽入怀中，她又将砍刀紧握在手，预防狼的再一次攻击。

母狼没有做第二次进攻，它和狼崽伫立在原地呆呆地看着他们，然后张大嘴巴朝天发出一声长嗥，像一只温顺的家犬带着狼崽很快消失在幽暗的丛林中。

在这场狼与人的对决中，惟一的胜者便是母爱。因为这种爱无论在何时何地都有超越自然界所有爱的力量。在人的世界里，母爱使母亲呵护自己的孩子远胜过呵护自己的生命。她倾注了自己的全部只为着亲眼看着这个孩子茁壮成长起来，成长为参天大树，女人虽然是柔弱的，却也是刚强的，母爱把柔弱和刚强巧妙地糅合成一层牢不可破的母子

第七章

悟爱悟恨

爱恨因缘而起

情结。

点燃了人类持续不灭的火种。我们最应该感谢我们的母亲，只因母爱的纯洁、无私和伟大。

没有母亲，便没有我们。没有母爱，我们便会是最孤独、寂寞的行者。

2. 朋友之爱贵乎知己

佛说："每个人，除亲戚可以帮忙扶助外，就只有'知己'。知己，就是很要好、非常亲密、更能扶助的朋友，就是好朋友。人都要这样的知己好友，不然的话，有困难的时候，就没有人来帮忙扶助了。"

知己，指的是一种交心的友情，它是君子之交，莫逆之交，或生死之交。人们常说："相识满天下，知心有几人。"的确，在人生的旅途中，我们需要友情的滋润，一个人在社会上，如果没有朋友的话，可说是相当孤独而且痛苦。进一步言，若能在朋友群中，得到一二知己，则于愿足矣！正如鲁迅先生所言："人生得一知己足矣，斯世当以同怀视之。"有了知己，生命才显出它全部的价值。

人之相知，贵相知心，在我国历史上，不乏知己之交实例，伯牙与钟子期，形同莫逆，伯牙善弹琴，钟子期善听琴，其默契已达天衣无缝。有一天，当伯牙惊闻子期猝逝，伯牙感念"痛失知音"，从此断弦，此即史上有名之"伯牙绝琴祭子期"。另外，管鲍之交，更是千古传为美谈。管仲是春秋时期齐国大政治家，因辅佐齐桓公成为春秋第一霸主而名标青史。齐桓公能得到管仲这个得力助手，是鲍叔牙大力举荐的结果。管仲和鲍叔牙是好朋友，起初管仲和鲍叔牙合伙经商，管仲出的本钱没有鲍叔牙多，可是到分红的时候，他收了应得的那一份，还要再添点儿。鲍叔牙手下的人骂管仲贪得无厌。鲍叔牙替他辩解说："他不是贪这几个钱。他这样做是因为他家人口多，开销大，是我自愿让给他。"管仲曾经带兵打仗，进攻的时候他离战斗激烈的地方远远的，退却的时候他却跑在最前面。手下的士兵全都对此不以为然，耻于与他为伍。鲍叔牙却说："管仲家里有老母亲，他是为了侍奉母亲的晚年才爱惜其身，并不真是怕死。"鲍叔牙百般袒护管仲，是因为鲍知道管仲是个人才，只是还没有机遇施展。管仲听到这些话，感叹道："生我的是父母，了解我的是鲍叔牙啊！"就这样，管仲和鲍叔牙结成了莫逆之交。

正如中国古人所言：道不同则不相为谋。能够成为朋友并在此基础上成为知己的，不仅是可以相互关爱的，更是可以彼此惺惺相惜的。

如果两人的信仰、原则各不相同，即使成为朋友，最终也会分手。

三国时代的管宁和华歆同窗求学、同席读书。管宁志趣高洁，把势与利看成粪土一般。而华歆则迷恋金钱、趋炎附势。管宁不愿与华歆为伍，把席子从中割开，两人分坐，以示绝交。两人绝交的原因并不复杂，实际上就是两人的志趣不同，可以说是背道而驰。华歆迷恋金钱、趋炎附势，是个十足的"势利眼"，这类人的眼睛总是向上，总攀高枝、抱粗腿，无非是要沾点光，捞点好处，如果对待朋友也是如此，那说明并没有真情。

像华歆这样的人很多。古代有一位翟公，官居廷尉之职时，宾客盈门，待他被罢官后，宾客均作鸟兽散。后翟公恢复廷尉官职时，宾客们又都来了。翟公感慨万端，挥笔题词于门上："一生一死，乃知交情；一贫一富，乃知交态；一贵一贱，交情乃见！"这种势利之交在今天也大有市场，一些人就是专好结交社会名流，趋炎附势，"借光"谋私。

第七章　悟爱悟恨
爱恨因缘而起

这种交情，毫无真情可言，表面上那些礼节客套、甜言蜜语，全是一片虚情假意。更有甚者，明里一把火，暗中一把刀。这样的交情，还是早早断了好。如果只是碍于面子，不愿断交，那最终吃亏的还是你。

志趣不同，特别是势利之交不可取。如果是信仰不同，所走的道路不同，更要当断则断。

道相同、志相合是成为知己的必要条件。没有这个条件，就不能成为知己。即使是做朋友都很难。而这世间最难得的就是一个知己。因为，这种深情厚谊，是人间友谊之中最值得珍惜的爱。因为它可以跨越尘世中的一切距离和阻滞，只为彼此的认可和欣赏，就能够彼此珍惜，相互关爱。

缺乏真正的朋友，是最纯粹最可怜的孤独；没有知己，就等于在真正的朋友中间找不到另一个自己。

3. 爱恨皆源于情

佛说："这个世间的一切众生，都被情感这种力量所牵引，也用情感的方法处理这个世间的各种问题。所以世间一切众生，都因为在情感之河中随波逐流，而成为不能解脱的人。"

人生有两种特质，一是善（善心所）；一是恶（烦恼心所），在善、恶的特质中，各有很多的成分（心所），而这些成分彼此错综复杂地交合，就形成了种种不同形态的感情表象。所以，感情问题，如果我们只是从感情的表象去了解，就会受困于感情的多样化而掌握不到问题的核心。比方说夫妻之间的关系，有的像兄妹，有的像父女，有的像朋友，有的像情人，甚至有的像仇人；同样的，爸爸对女儿，妈妈对儿子，也都有很多不同的类型。所以，只有当我们理解到人与人之间感情的最后关键点是人性深处的综合表现，是人性的本质，我们才能对感情问题作一个最忠实的评鉴。一般说来，如果感情是纯净的，多半是从信、惭愧、无贪的立场出发，比方对元首效忠，对爸爸孝顺，这是从信出发，也就是他认为这样做是好的，正确的，接受这个观念，所以就产生了孝心、忠心。可是就男女的感情来说，相处不好的各种因素中，最核心的元素是贪（当然父子、兄弟、朋友、君臣之间也有部分是靠贪来达成的），因为有贪，我们心性无法达到最深刻的纯净，而产生感情，感情的产生，使彼此得到协调、得到沟通。而如果两方面变成排斥，就是因为痴，这是人性最深刻的烦恼。以上，我们已经看到人性中贪的元素是男女感情不好的症结，接着我们再继续从贪的角度来分析男女的感情。

贪的对象有很多，其中色贪第一，眷属贪第二，其他还有财、名、食、睡等，譬如有人贪太太的美貌，有人贪太太的钱财，有人贪太太烧的好菜，有人贪甜言蜜语，这都是贪着。但是男女之间贪着为最深的是情欲，这是维系男女感情最根本的东西。男女的情欲有四个层次，这四个层次本质是一样的，但是程度有差别。第一层次是色，也就是贪着外在的美貌。第二个是情，所谓情使两个人心灵有了沟通点，不管任何沟通点，都会产生情。不但男女之间如此，朋友之间也是这样。所以，有时专家建议夫妻之间要找共同的爱好，其实就是找沟通点，也就是感情的培养。第三个是爱，爱已经是一种执著，就是不管你爱不爱我，反正我爱你！这跟情不一样，它是不需要沟通的。第四个层次是淫欲。淫欲是生理的反应，比较污浊，不管有没有色、情、爱，它只是一种需要解决的生理反应。这四个层次，就是男女之间互相贪着的情执。所以如果没有办法超越这四个层次，就一定会堕入男女情欲的漩涡而为之苦恼。

今天为什么会有那么多人离婚？一定是彼此的贪着已经没有了，或是外面的贪着比对太太的贪着更强烈；而有的夫妻之间根本没有了吸引力，为什么又不离婚？这可能是为了面子，为了小孩。所以感情的问题，不是爱不爱的问题，而是心性清净与否的问题。今天为什么他会爱一个不该爱的人而舍弃他该爱的人？就是因为他烦恼重、太愚痴、善性太弱了。如果这个人心灵纯净，他站在任何角度，都会把他的烦恼降伏，让他的善性激发，对方再怎么无理，面对再大的困难，他都不会使感情破灭。所以如何激发人的善性，降伏人的烦恼，才是彻底解决人与人之间感情问题的关键。今天我们看到任何感情的案子，都必须反省到人性的缺憾，知道必定是有烦恼障蔽他的心性，让他的人性陷入无知的状态而造成错误的决定。

情没了，一切爱、恨、贪、嗔、痴就没有了，一切皆因心起，无心即无挂碍。

4. 聚散随缘

爱情全仗缘分，缘来缘去，不一定需要追究谁对谁错。爱与不爱又有谁可以说得清？当爱着的时候只管尽情地去爱，当爱失去的时候，就潇洒地挥一挥手吧，人生短短几十年而已，自己的命运把握在自己手中，没必要在乎得与失，拥有与放弃，热恋与分离。

失恋之后，如果能把诅咒与怨恨都放下，就会懂得真正的爱。虽然在偶尔的情景下依然不免酸楚、心痛。卢梭 11 岁时，在舅父家遇到了

刚好大他 11 岁的德·菲尔松小姐，她虽然不很漂亮，但她身上特有的那种成熟女孩的清纯和靓丽还是将卢梭深深地吸引住了。她似乎对卢梭也很感兴趣。很快，两人便轰轰烈烈地像大人般地恋爱起来。但不久卢梭就发现，她对他的好只不过是为了激起另一个她偷偷爱着的男友的醋意——用卢梭的话说"只不过是为了掩盖一些其他的勾当"时，他年少而又过早成熟的心便充满了一种无法比拟的气愤与怨恨。

他发誓永不再见到这个负心的女子。可是，20 年后，已享有极高声誉的卢梭回故里看望父亲，在波光激滟的湖面上游玩时，他竟不期然地看到了离他们不远的一条船上的菲尔松小姐，她衣着简朴，面容憔悴。卢梭想了想，还是让人悄悄地把船划开了。他写道："虽然这是一个相当好的复仇机会，但我还是觉得不该和一个四十多岁的女人算二十年前的旧账。"

爱过之后才知爱情本无对与错、是与非，快乐与悲伤会携手和你同行，直至你的生命结束！卢梭在遭到自己最爱的人无情愚弄后的悲愤与

第七章

悟爱悟恨
爱恨因缘而起

怨恨可想而知，但是重逢之际，当初那种火山般喷涌的愤怒与报复欲未曾复燃，并选择了悄悄走开，这恰好说明世上千般情，惟有爱最难说得清。

如果把人生比作一棵枝繁叶茂的大树，那么爱情仅仅是树上的一粒果子，爱情受到了挫折、遭受到了一次失败，并不等于人生奋斗全部失败。世界上有很多在爱情生活方面不幸的人，却成了千古不朽的伟人。因此，对失恋者来说，对待爱情要学会放弃，毕竟一段过去不能代表永远，一次爱情不能代表永生。

聚散随缘，去除执著心，一切恩怨都将在随水的流逝中淡去。那些深刻的记忆也终会被时间的脚步踏平，过去的就让它过去好了，未来的才是我们该企盼的。

缘聚缘散总无强求之理。世间人，分分合合，合合分分谁能预料？该走的还是会走，该留的还是会留。一切随缘吧！

5. 不要错过了才知道后悔

克契禅僧到佛光禅师处学禅已经有好长一段时间了，但是由于个性原因，他不喜欢问禅，总是在被动中摸索，多次错过了开悟的时机。

一天，佛光禅师见到克契禅僧，再也忍不住地说道："你自从来此学禅，好像已有十二个秋冬了，但你怎么从来不向我问道呢？"克契禅僧连忙答道："老禅师每日都很忙，学僧实在不敢打扰。"时光匆匆，转眼又是三年。有一次，佛光禅师在路上又遇到了克契禅僧，再问道：

"你在参禅修道上，有什么问题吗？有的话，就提出来。"克契禅僧回答道："老禅师您这么忙，学僧不敢随便和您讲话！"又是一年过去了，克契禅僧经过佛光禅师禅房外面，禅师又对克契禅僧说道："你过来，今天我有空，请到我的禅室来谈谈禅道吧。"克契禅僧赶快合掌作礼道："老禅师很忙，我怎敢随便浪费您老的时间呢？"佛光禅师知道克契禅僧过分谦虚，不敢直接问道，错过很多，所以再怎么参禅，也是不能开悟的。佛光禅师知道对克契不采取主动不行，所以又一次遇到克契禅僧的时候，他明白地对克契说："学道坐禅，要不断参究，你为何老是不来问我呢？"克契禅僧仍然应道："老禅师您很忙，学僧不便打扰！"佛光禅师当下大声喝道："忙！忙！我究竟是为谁在忙呢？除了别人，我也可以为你忙呀！"

佛光禅师一句"我也可以为你忙"的话，打入克契禅僧的心中，克契禅僧立刻言下有所悟。

克契禅僧因为顾虑佛光禅师太忙而不肯问法，错过了很多得法的机会，还好，佛光禅师一次又一次不厌其烦地点化，终于让他有所悟。而生活中，很多东西一旦错过了，就将永远失去了。

任何事物都是有保质期的，一年、三年、五年，总会有过期的时候。人的生命也是有保存期限的，所有想做的事应该趁早去做，不要错过了，只剩下美丽的遗憾。要知道，如果只是把心愿郑重其事地供奉在心里，却未曾去实行，那么惟一的结果就是与它错过。

从年轻时开始，雪儿就爱问志江："你错过了什么？"

20岁时，志江痛苦地回答："我错过了我喜欢的第一个女孩，错过了向她表白，这将是终生的遗憾。"

22岁时，志江沧桑地说："我错过了当一名画家的梦想，却做了公司职员。"25岁时，已经成为雪儿丈夫的志江沮丧地回答她："我错过一个新的工作机会。"35岁时，志江生气地告诉她："我刚错过了一个晋升的机会。"45岁时，志江伤心地说："我错过了与亲人见最后一面的机会。"55岁时，志江失望地回答："我错过了退休的好时机。"65岁时，志江匆匆地说："我错过了看牙医的时间。"

一如往常地，雪儿总是回以微笑，但微笑中总带着些落寞，这点志江从来都看不出来。

75岁那年，雪儿终于不再问志江了。志江正跪坐在病危的太太面前，想起太太每隔一段时间，总要问他的问题，他反过来问太太："你错过了什么？"而雪儿微笑中带着解脱与满足回答："这一生，我没有错过你！"此时，志江早已老泪纵横，原以为两人可以永远在一起，所以，终日忙着工作与繁琐的事，却从不曾用心体贴朝夕相处的另一半。

已经当上行政总管的志江紧紧抱着太太雪儿说："这辈子，我错过了你这50年来的深情……"

许多一直关爱着我们的人，默默为我们付出的人，都是我们的财富。而且这样的人，我们一生中都难得遇上几个。所以，我们一定要懂得好好珍惜，朋友也好，亲人也好，他们关心和给予我们照顾的时间是有限的。当他们对我们全身心付出时，不要视而不见，甚至认为那是理所应当的。没有人亏欠了我们什么，不要等到我们醒悟时才发现那些关心过我们的人早已远去。给我们留下的惟有一颗曾经温暖的心和那些略带伤感的回忆。

悟 语

有些事错过了可以重来，有些人错过了就永远不在。珍惜眼前人，不要等到后悔时去说："对不起！"

6. 平淡是真

一个夏天的夜晚，小和尚对师傅说："我如何才能让自己的慧心常驻不灭？"师傅微微一笑，反问道："你认为呢？"小和尚摇摇头。师傅站起来对他说："你随我来。"于是，小和尚便随师傅到了寺院的园子里。师傅站定，盯着一株待开的昙花，小和尚也默默地注视着，过了一会儿，只听那昙花噼噼啪啪的，没有几分钟就将自己的美丽一展无遗。而其他的花，却几乎看不到那开放时的样子。到了清晨，昙花那惊艳的美渐渐消逝，而其他的花却在太阳的抚慰下，依然默默地展现着自己的美。小和尚一下子明白了师傅的用意。知道了安守平淡的可贵。

发生在人与人之间的爱情也是如此。

有一种爱情像烈火般的燃烧，刹那间放射出的绚丽光芒，能将两颗心迅速融化；也有一种爱情像春天的小雨，悄无声息地滋润着对方的心灵。前者激烈却短暂，后者平淡却长久。其实，生活的常态是平淡中透着幸福，爱情归于平淡后的生活虽然朴实但很温馨。

爱不在于瞬间的悸动，而在于共同的感动与守候。

有一对中年夫妇，是朝九晚五的上班一族。每天早上，先生都扛着自行车下楼，妻子拿着包，一手拿一个男式公文包，一手拎个女式包。走出楼梯口以后，先生放定了自行车，接过妻子手中的两个包，把它们放在车筐里，然后再仔细地调试一下车铃、刹车；再回头让妻子在车后座坐稳了，最后才跨上车用力一蹬，车子载着他们平稳地向前驶去。

先生从来都不会忘记回过头关照一下他的妻子，只见她如小公主一般幸福地坐在车后座上，双手优雅地搂着丈夫的腰，脸上洋溢着满足。

第七章

悟爱悟恨

爱恨因缘而起

113

先生举手投足间则透着对妻子的关爱，而妻子满脸的幸福也是对丈夫最好的报答。

　　几十年来，无数个朝朝暮暮，他们都是这么平静地生活着。岁月在他们脸上毫不留情地留下了皱纹，然而他们的心却依然年轻，仿佛还是热恋中的少男少女。骑着自行车的男人对妻子的爱虽然谈不上奢侈，但却是最朴实、最真切、最贴心的，它细微而持久，有如三月春雨沥沥地轻洒在妻子的心田。

　　这就是地老天荒的爱情，不必刻意追求什么轰轰烈烈的感觉；生活的点滴之中，就有一种"执子之手，与子偕老"的默契。细水长流的爱情，像春风拂过，轻轻柔柔，一派和煦，让人沉醉入迷。

爱情不是传说，是生活，需要两个人用心去体验、去感觉，才能酿造出美丽的幸福。有一对小夫妻原本感情很好，但妻子生完孩子之后，他们便开始了分床而居的生活。白天工作已经很辛苦了，晚上还要应付小孩子，渐渐地他们两个人之间的话越来越少。"我有个郑重的要求。"妻子首先意识到了他们之间潜伏着的危机，一天，她突然对丈夫说。"你有什么要求？这么郑重其事的样子。"丈夫漫不经心地问。"每天抱我一分钟，好吗？"丈夫看了妻子一眼，笑着说："都老夫老妻的了，有这个必要吗？""我提出了这个要求，就说明十分有必要。你发出了这样的疑问，就证明更有必要。"妻子坚持着说。

"情在心里，何必表达。"丈夫回答道。"当初你要是不表达，我们就不可能结婚。"妻子有点不满地说道。"当初是当初，现在不是更深沉了吗？"丈夫解释说。"不表达未必就是深沉，表达了未必就是矫饰。"妻子仍然坚持。两人终于你一句我一句地吵了起来，最后，为了能早点平息这场战争，上床安息，丈夫妥协了。

他走到床边，抱了妻子一分钟，笑道："你这个虚荣的家伙！""每个女人都会对爱情虚荣。"她说。此后每一天，他都会抽个时间抱她一会儿，有时是一分钟，有时是 10 分钟，有时甚至更长。渐渐地，两人的关系充满了一种新的和谐。在每天拥抱的时候，虽然两人常常什么话也不说，但是这种沉默与以前未拥抱时的沉默在情感上却有着天壤之别。终于有一天，妻子要去外地长期进修。临上火车前，她对丈夫说："你现在终于暂时获得解放了。""我会想着抱你的。"丈夫笑道。果然，她到学院的第二天就接到了丈夫的电话，异常温柔地说："我想念那一分钟的拥抱了。"顿时，她的眼睛里渗出了幸福的泪水。的确，对于相爱的男女来说，在激情飞越的碰撞之后，婚姻就会质朴得如同一位村

第七章

悟爱悟恨

爱恨因缘而起

姑。人们常常以"平平淡淡才是真"为借口，逃避对长久拥有的那份感情的麻木和粗糙，却不明白，如果我们用心去经营、用心去表达，那在我们掌心和胸口的爱情怎么会变得越来越冷呢？

其实，很多时候爱情一直存在于我们的身边，只是生活的平淡让我们渐渐遗忘了它的存在。爱得久了，疲劳了，倦怠了，以为生活中只有单调和无味。

那你就错了，耀眼的烟花很美，可那瞬间的绽放之后，就不再留存任何开放的痕迹。平淡之中的况味才值得细细体味。因为那才是生活真实的滋味。

无需羡慕别人爱的持久，如果你能安于平淡，在点滴中品尝生活的真味，你也可以爱得持久。

第八章
悟宽悟严
宽严有度则可自在安乐

佛陀说："能安忍之人，以安忍庄严其身，遇事皆能忍，安忍又为勤勉之人，所必有之行持。又修行之人，亦仗安忍之力，为自己之力，因安忍一事，能带来大福大乐。"

1. 宽容是一种美

宽容是一种美，因为有了宽容才使许多人有了浪子回头的决心。因为宽容才使那颗犯错的心有了安全的回旋余地。当你选择宽容时，你就给了这个世界无比的荣耀。而你将得到这世界最美的祝福。禅者说："量大则福大。"就是在说因为你有一颗宽容的心。所以，能获得最大的福缘。

一天晚上，一位老禅师在寺院里散步，忽然发现墙角边有一张椅子，一看就知道有出家人违犯寺规翻墙溜出去了。

这位老禅师不动声色地走到墙角边，把椅子移开，就地蹲着。没过多久，果然有一位小和尚翻墙进来，他不知道下面是老禅师，于是在黑暗中踩着老禅师的脊背跳进了院子。

当他双脚落地的时候，突然发现自己原来踩的不是椅子，而是老禅师。小和尚顿时惊慌失措，木鸡般地呆立在那里，心想："这下糟糕了，肯定要被杖责了。"但是，出乎小和尚意料的是，老禅师并没有厉声责备他，只是平静而关切地对他说："夜深天凉，快回去多穿点衣服吧。"

老禅师宽恕了小和尚的过错。因为他知道，此时此刻，小和尚已经知错了，那就没有必要再饶舌训斥了。之后，老禅师也没有再提及这件事，可是寺院里的所有弟子都知道了这件事，从此以后，再也没有人夜里翻墙出去闲逛了。

这就是老禅师的度量，他给犯过错的弟子提供反省的空间，使其悔悟，自戒自律，所以宽容也是一种无声的教育。

宽容地对待别人的过错，这是何等的胸怀。学会宽容，是一种美德、一种气度，因为你能容得他人不能容，所以你也必将拥有了别人不能拥有的。

古人云：金无足赤，人无完人。宽容是一剂良药，医治人心灵深处不可名状的跳动，滋生永恒的人性之美。我们不仅要宽容朋友、家人，还要宽容我们的敌人、对手。在非原则性的问题上，以大局为重，你会体会到退一步海阔天空的喜悦；化干戈为玉帛的喜悦；人与人之间相互理解的喜悦。要知道你并非踽踽单行，在这个世界上，虽然人们各自走着自己的生命之路，但是纷纷攘攘中难免有碰撞。如果冤冤相报，非但抚平不了心中的创伤，而且只能将伤害捆绑在无休止的争吵上。

有这样一则故事：一位妇人同邻居发生纠纷，邻居为了报复她，趁夜偷偷地放了一个骨灰盒在她家的门前。第二天清晨，当妇人打开房门的时候，她深深地震惊了。她并不是感到气愤，而是感到仇恨的可怕。是啊，多么可怕的仇恨，它竟然衍生出如此恶毒的诅咒！竟然想置人于死地而后快！妇人在深思之后，决定用宽恕去化解仇恨。

于是，她拿着家里种的一盆漂亮的花，也是趁夜放在了邻居家的门口。又一个清晨到来了，邻居刚打开房门，一缕清香扑面而来，妇人正站在自家门前向她善意地微笑着，邻居也笑了。

一场纠纷就这样烟消云散了，她们和好如初。

宽容敌手，除了不让他人的过错来折磨自己外，还处处显示着你的纯朴、你的坚实、你的大度、你的风采。那么，在这块土地上，你将永远是胜利者。只有宽容才能愈合不愉快的创伤，只有宽容才能消除一些人为的紧张。学会宽容，意味着你不会再心存芥蒂，从而拥有一分流畅、一分潇洒。在生活中我们难免与人发生磨擦和矛盾，其实这些并不可怕，可怕的是我们常常不愿去化解它，而是让磨擦和矛盾越积越深，甚至不惜彼此伤害，使事情发展到不可收拾的地步，用宽容的心去体谅他人，真诚地把微笑写在脸上，其实也是善待我们自己。当我们以平实

第八章

悟宽悟严

宽严有度则可自在安乐

真挚、清灵空洁的心去宽待对方时，对方当然不会没有感觉，这样心与心之间才能架起沟通的桥梁，这样我们也会获得宽待，获得快乐。

　　一个人能否以宽容的心对待周围的一切，是一种素质和修养的体现。大多数人都希望得到别人的宽容和谅解，可是自己却做不到这一点，因为总是把别人的缺点和错误放在心里。所以，带给自己的就只能是烦恼和怨恨。宽容是一种美，当你做到了你就是美的化身。

悟　语

　　心有多大，你的舞台就有多大。

2. 请你选择宽恕

　　没有人不会犯错，而知道自己犯了错的人最希望得到别人的宽恕和谅解。假如别人希望在自己犯错之后求得你的谅解，你是否能够给他一次改过的机会？这便是你选择做一个宽容的人还是做一个苛刻的人的机会。

　　释迦在世时，弟子中出了一名叛徒。这个背叛者是释迦的堂兄弟提婆。

　　提婆妒忌释迦的名声，屡次设计要杀害他都终告失败。释迦一次次宽恕了他，不过他这个人却恶劣成性，始终不改。有一次，尼僧法施谆谆告诫他，却惹得他凶性大发，杀死了法施。

　　然而，一重又一重的恶行积压下来，终使提婆不堪良心的谴责而病倒了。病床上的提婆每天都过得极忧烦痛苦，非常希望有什么方法能减轻身心上的折磨。于是他拖着病体，乘了一顶舆轿到释迦那儿去，想要向他忏悔自己的罪过。

然而当舆轿一着地，大地就刮起了一阵大风，而提婆也就活生生被打入阿鼻地狱去了。

释迦的一名弟子见状非常不忍，就对释迦说："我想救救提婆。"

释迦说："很好，可是有一点要注意，你要以正心说教，让他彻底改过。因为要让恶人幡然悔悟，实比在枯木上雕刻还难。"

这名弟子即刻赶往提婆那儿。只见提婆正痛苦地挣扎着，提婆见了他，就哀求他说："我的痛苦就好像被铁轮辗碎了身子，被铁杵痛捣身体，被黑象践踏，把脸投向火山一样，请快来救我！"

弟子答："赶快皈依我佛吧！如此就可以得救。"

说完，所有的痛苦都化为乌有，提婆也痛悔前非，自心底深深悔改。

释迦用宽广的心胸原谅了提婆的过错，包容了他的无礼，这就是宽恕！人们犯错是一种平常，而用宽容的心对待别人的冒犯却是一种超常。

佛陀常常告诫弟子们，"比丘常带三分呆"，就是要弟子们大智若愚，凡事不要太计较，即使遭到了别人的无礼也要宽恕他们，因为宽恕别人，也是升华自己。

宽恕，是一种净化。当我们手捧鲜花送给他人时，首先闻到花香的是我们自己；而当我们抓起泥巴想抛向他人时，首先弄脏的就是我们自己的手。

宽恕别人并不困难，但也不容易，关键是看我们的心灵是如何选择的。

美国前总统林肯，少年时期曾在一家杂货店打工。有一次，一位顾客的钱包被另一位顾客拿走了，丢了钱包的顾客认为钱是在店中丢的，所以杂货店应当负责，便与林肯发生了争执。而杂货店的老板却为此开除了林肯，老板说："我必须开除你，因为你令顾客对我们店的服务很不满意，因此我们将失去许多生意，我们应该学会宽恕顾客的错误，顾客就是我们的上帝。"

林肯一直都不接受这位顾客的无理和原谅老板的不通情理，但是很多年以后，做了总统后的林肯却意味深长地说，"我应该感谢杂货店的老板，是他让我明白了宽恕是多么的重要。"

宽恕别人，就是善待自己。仇恨只能永远让我们的心灵生存在黑暗之中；而宽恕，却能让我们的心灵获得自由，获得解脱。

其实，宽恕别人的过错，得益最大的是我们自己。曾有这样一个案例，荷兰的一所著名大学的研究人员组织了一批志愿者做了一项有关"宽恕"的实验。

志愿者们被要求想象他们被人伤害了感情，并反复"回忆"被伤害时的情景。研究人员发现，此时的志愿者在身体上和精神上的压力同时加大，伴随着血压升高，他们心跳加快、出汗、面部表情扭曲。之后，研究人员又要求他们停止想自己被别人伤害的事情，虽然没有刚才的生理反应大，但是某些生理症状却依旧存在。最后，志愿者被要求想象已经原谅了自己的"假想敌"，这时，志愿者感到身心放松并且非常的愉快。

这样，研究人员得出结论：宽恕别人，不意味着为犯错的人找借口，而是将目光集中在他们好的方面，从而把自己从痛苦中拯救出来。这正应了那句话：不要拿别人的错误来惩罚自己。

佛陀说："对愤怒的人，以愤怒还牙，是一件不应该的事。对愤怒的人，不以愤怒还牙的人，将可得到两个胜利：知道他人的愤怒，而以正念镇静自己的人，不但能胜于自己，也能胜于他人。"

这就是宽恕的力量。

悟 语

选择对别人的宽恕就是选择了爱护自己。

3. 有容乃大

盘珪禅师是一代名师，教育出很多高超的僧才。一次，他收了一位由于家里无法管教而希望借由佛法的熏陶使之改过向善的坏孩子当徒弟。没想到这孩子到了寺庙，依旧我行我素，时常偷寺中的古董去典当花用。弟子们怕影响寺庙的声誉，立刻向盘珪禅师报告。过了几天，禅师却没有表示有处理之意，而那孩子依旧无恶不作。弟子们实在看不过去了，便再次向禅师要求马上开除这个孩子，否则的话，他们将立即集体离开这个寺庙。这时，盘珪禅师闭着眼睛安详地说："如果你们一定要离开这里，那么我不为难你们，请离开吧！"弟子中有人大感意外地问："您为什么不开除那为非作歹的坏孩子，而要牺牲我们呢？"禅师睁开眼睛说："你们在我这儿修行已有数年，稍有见地，就是离开这里，也可以外出自立门户；倘若这孩子被我们开除了，那他将无处安身。"弟子们恍然大悟，了解了师父的用心，羞愧之余，立即向师父道歉。

禅师以一颗宽容善良的心感动了弟子们，也教育了弟子们，向弟子们展示了一代禅师的胸怀。

常言道：金无足赤，人无完人。一个人的一生中不可能没有失误，也不可能不犯错误，能容人之错，使之有改过之机，则可谓贤者。因为贤，所以会有许多人跟从他。世间万物，有容乃大，一个人有容人之量，则可成就大业。

第八章

悟宽悟严

宽严有度则可自在安乐

以本田宗一郎来说吧，他不仅是一位著名的企业家，而且是一位不断完善自己和周围人的德行的人。他通过实施一套独特而又恰当的管理方法，激发了职员们不怕失败，敢于向自我挑战的勇气。1954 年 4 月，宗一郎将自己亲自制定的《我公司之人事方针》发表在公司的报纸上，公开表示要关心职工，并和他们交朋友，聆听他们的意见，让职工拥有充分的自由，有和干部辩论的权利……

1959 年，宗一郎开始了迈向世界的第一步，创办了"美国本田技研工业公司"。川岛被任命为公司的负责人，时年 39 岁，还有两名年轻的助手分别为小林隆幸和山岸昭之。对川岛一行的这次出征，本田公司的领导层内担心者不在少数。但宗一郎对川岛等深信不疑。然而，川岛一行出师不利，在头 6 个月的时间里，收效甚微，仅仅售出 200 台摩托车，且未收到货款。

宗一郎得悉这一消息后，没有对川岛一行严厉斥责，而是提示他们了解美国摩托车市场的交易规律，还有美国居民的消费心理，改变营销策略，继续开展业务。到了 1961 年年底，本田公司在美国已拥有 500 家销售点，进军美国市场已初见成效。

给年轻人提供施展才能的机会，不怕他首战失利，也不怕暂时的利益亏损，重要的是激发他的潜能，运用他的聪明才智，为企业发展注入新鲜活力，是本田宗一郎一贯的用人思想。与那些只重眼前利益、惟恐亏损的经营者相比，宗一郎的做法充分展现了一个企业家的宽阔胸怀和容人之量。这就是本田公司能够发展壮大的原因之一。

对于部下或同事的失误，不能抓住不放、小题大做、四处宣扬，而要以诚感人，"爱语"纠错。当他人遭受失败时，如果不假思索地进行呵斥，只会激起失误者的逆反心理，不利于事情的发展。聪明的做法是用柔和之词去启发劝导他修正错误。如此，失误者才会心悦诚服地接受你的见解，并心存感激。

中国荔枝大王——农民企业家叶钦海在创办农场初期，就显示出了他在用人方面的超常胆略和智慧。他认为，企业要有活力，要有发展，最重要的是在于人才管理，而非资金与规模。在管理上，他实行责、权、利挂钩，对于有才能的人，就要大胆使用，不要怕他犯错误，只要敢于承担责任，就说明他是以主人翁的态度对待企业的。

有一个分场场长在清理草坪时，事先没有掌握天气的情况，见当时没有起风，就让人点燃了草坪。可没过多久，天气忽变，刮起了大风，火势顺着风力迅速蔓延到一旁的荔枝苗。这位分场场长见状，迅速组织人力扑救，但还是烧死了上百株荔枝苗。事后，叶钦海认为分场场长并不是主观放火，并在扑火行动中表现得英勇顽强，因此，在事故分析会上，叶钦海没有责备他，只是要求他吸取教训，在今后的工作中凡事多加考虑，慎重行事。这位场长深受感动，在以后的工作中，热情更高，成了叶钦海的一名得力助手。

商界女杰、运通公司总经理吕有珍，在识人、用人方面也有其独到之处：扬长避短，大胆使用有过失之人。1994年，昆明市花园商场因漏电失火，商场经理心急火燎地向吕有珍汇报了此事。吕有珍异常镇定地询问了具体情况后，对他说："你是商场经理，即使着火了你仍是商场经理，你去处理吧，我相信你能处理好。"商场经理以为吕有珍会撤他的职，会严厉地批评他，却没有想到吕有珍仍然如此信任他，这给了他强大的动力。不到一个月的时间，商场经理就处理好了事故的善后问题，花园商场的经营也没有因那次火灾而受到影响。

微软副总裁杰夫·拜克斯也有一段与这位商场经理类似的经历。1984年，微软试算表软件上市后被发现有重大瑕疵，当时还是产品经理的杰夫硬着头皮去见比尔·盖茨，建议将上市产品全数收回，并诚恳表示愿意承担一切责任。盖茨告诉他："今天你让公司损失了2500万美元，我只希望你明天表现得好一点。"盖茨认为，一旦犯了错误，切实检讨的实质意义要比追究处罚大得多，因为"如果轻易解雇了犯错的人，也就等于否定了这个教训的价值"。

同样，诺基亚总裁奥利拉也有一句类似的名言，这就是"过失导致发展"。他一直把失败看做接受教育，几乎没有因此而辞退过任何一个员工。他的理由是，如果员工总有失业的压力，总是心存恐惧，就不会产生创新意识。而只有鼓励创新的企业文化才是公司不断进步的动力源泉。

人无完人，不能苛求完美。用人时要扬人之长，避人之短；对有过失的人，哪些能用，哪些不能用，要因人而异，不可一概而论，更不能求全责备，以短盖长。

生活中，对人同样如此。也只有这样，才能让许多有才能，有个性的人团结在你的周围，助你成就你的事业。

悟 语

一个人不做事就不会犯错。犯了错是因为他做了。容忍这种做事但犯了错的人，你将得到他对你全心的付出。

4. 懂得分享

有一位富人，家财万贯，可是他对自己的妻子、儿女很吝啬，从来都不愿分一些财物，对别人就更是吝啬。因此，村里的人给他起了个绰号叫"铁公鸡"。更有意思的是他从来不愿和任何人说自己的心事，无论悲喜，都是一个人默默地躲在角落里。所以，慢慢地大家都疏远了他，都不愿和他多说一句话。可是，他的年龄越来越大了，他也逐渐感受到了一个人时的不快和孤独。他试图去改变这种局面，但发现别人却离他更远了。在一个月光清幽的晚上，他走到河边想一死了之，却被一位远道而来的禅师拦住，禅师问他为何想不开，是不是儿女不孝，自己又无依无靠，他说不是，禅师又问了他许多问题，可他一直都在摇头。最后，他实在忍不住了，就把大家对他的态度说给禅师听，禅师在倾听过程中找到了原因。于是，禅师开导他说："你看，你现在把你的苦恼告诉了我，说明你让我分享了你的苦恼。所以，你现在会比较舒服一点。"富人很高兴地点了点头。禅师又说："假如你能把你的快乐、你的财富和你的亲人分享一下，你同样也会感到快乐。你先前的不快乐和被大家疏远是因为你把一切都看得太严、太紧，不愿让别人与你分享。所以，你就把自己慢慢送到了一个又狭又窄的小世界里，而且这个小世界由于你的原因会变得越来越小。你要改变这种局面就必须先从自己做起。"富人恍然大悟，他高高兴兴地拜别了禅师，回到家里之后，他一改往日的吝啬和苛薄。慢慢地，大家终于接受了他，他的世界也变得宽阔起来。

乐于分享，是一种心胸宽广、无私的表现。因为这种宽广和无私，你的世界才会变大。因为在你与人分享的同时也会得到别人的回馈。与不同的人分享，你会得到不同的利益。

在美国有一位农场主，由于他的勤奋与智慧，使得他所种的农作物每一年都能获得当地农会竞赛的最高荣誉"蓝带奖"，而得奖后他也一定将他所获奖的最佳品种分送给他的邻居们。大家都觉得奇怪，难道他不怕别人获得了他得奖的品种，因而在下一次的比赛中胜过他？对此，他微笑着答道："我无法避免因风吹而使邻居的花粉飘到我的田里。倘若我不将好的种子分给每个邻人，那么飘过来的花粉不好，也必然会使我的田地产出不好的品种，惟有在我周围的品种都是好的，才能保证我的田里产出最好的品种。而我在得奖之后，不会就此松懈偷懒，坐享其成，仍然继续努力研究改良，因此我能连续不断地获得最高荣誉，当别人赶上我去年的水准时，我早已又往前迈了一大步。所以我从来不担心别人超越我，相反，若有人超越我，将带给我精益求精的动力，让我追求更大的进步空间。"

听到他如此自信的解释，令人不得不赞叹他是真正有大智慧的人，是实至名归的冠军。反观我们周围有许多人常常敝帚自珍，吝于与人分享，深恐别人知道了自己的成功方法，将会超越自己。如此不但伤害了彼此的人际关系，也造成孤僻小气的形象，更重要的是丧失了自己再成长进步的环境与动力。

有一次约翰为了看马戏和爸爸一起去排队买票。排到最后，售票窗口只剩下了另外一家人和他们父子俩，另外一家人排在约翰父子俩的前面。

这一家人给约翰留下了深刻的印象：一对夫妇带着 8 个孩子，最大的孩子不超过 12 岁。他们看上去生活不是很富裕，身上穿着廉价的衣服，但洗得很干净。孩子们活泼可爱，他们两个人一排手拉手依次站在父母后面，唧唧喳喳地谈论着当天晚上将要看到的小丑和大象的表演及其他节目。约翰从他们那种兴奋劲儿可以知道，他们以前从没有在现场看过马戏，可以肯定，这将是他们生活中的一个十分精彩的夜晚。

售票员小姐问那一家子人中的父亲要买几张票，他骄傲地回答说："我们需要 8 张小孩票和两张大人票。"售票员小姐告诉了他价钱。孩子的母亲拉了拉丈夫的手，望着他，他的嘴唇开始颤抖，丈夫往前靠了靠，问道："您刚才说多少钱？"售票员小姐重复了一遍。他先是一愣，然后准备对孩子说他带的钱不够，看不成马戏了。

约翰的爸爸看到这一幕，把手伸进衣袋，掏出一张 20 美元的钞票并把它扔到了地上，又弯腰拾起了那张钞票，他拍着那位父亲的肩膀说："先生，您掉钱了。"

那位父亲立即就明白了。他接过这张钞票，望着约翰爸爸，眼泪夺眶而出，激动地说："谢谢!"其实，当时约翰他们家也不是很富裕，把钱给了那一家人后，他们就没有钱看马戏了。但是对约翰来说，他虽然没有看成马戏，但他觉得那一天是自己人生中最幸福的一天。

在这个故事里，我们可以看到人性中善良宽厚的那一面，因为，有了给予和分享，使得所有人都得到了人世间最珍贵的情谊和温暖。所以，不要对你周围的人太过苛刻，以你博大的胸怀去包容别人，接纳别人，并能无私地与人分享你将可以得到更多的益处。

与人分享，可以证明你的大度，则得益之人也必将无私地回报你的给予。

5. 不要在小事上计较

一天，一个失意的青年走在崎岖不平的山路上，发现脚边有个袋子似的东西很碍脚，心情郁闷的他狠踢了那东西一下，没想到那东西不但没被踢破，反而膨胀起来，并成倍地扩大着。青年恼羞成怒，拿起一根碗口粗的木棍砸它，那东西竟然胀到把路堵住了。

正在这时，佛祖从山中走出来，对青年说："小伙子，别动它。它叫仇恨袋，你不犯它，它就小如当初;你侵犯它，它就膨胀起来，与你对抗到底。忘了它，离它远去吧!"

生活中总是有一些人心胸不够开阔，一点点小事就足以让他们心烦意乱。当别人无意中惹到他们时，他们总是抱着"以牙还牙，以眼还眼"的决心，摆出一副寸土必争的姿态去面对生活中一些鸡毛蒜皮的小事。他们做人的原则就是半点亏不吃，但实际上往往是这种人容易吃大亏。

公交车上总是会有那么多人，从来就没有空的时候，这日莎燕下班回家，在公司门前的那个站牌等公车。千等万等，终于来了一趟。

哇噻！公车里好多的人，黑压压的。莎燕努力地向上挤，终于挤上了车。但挤车时一不小心，踩了旁边的胖大嫂一脚。胖大嫂的大嗓门叫开了："踩什么踩，你瞎了眼了？"莎燕本还想道歉来着，但一听这话面子上挂不住了，"就踩你了，怎么着？"

于是，两个女人的好戏开演了。双方互相谩骂，恶语相加。随着火力的升级，两人竟然动起了手，胖大嫂先给了莎燕一下，莎燕也立即以牙还牙，两手都上去了，在胖大嫂脸上乱抓一通。还是边上的好心人把两人拉了开来。

莎燕的指甲长，抓破了胖大嫂的脸，而她却没怎么受伤。想到这里，莎燕不禁得意起来。

终于回到了家，一进家门莎燕便向老公倒起了苦水。不过她倒认为自己没吃亏，反倒把那恶妇抓破了脸，所以，讲到这里一脸的灿烂，这时老公看了她一下，惊奇地问道，你右耳朵上的那个金耳坠呢？莎燕一摸耳朵，耳坠早已不见了……

我们经常以为"以牙还牙"就是让自己不吃亏，事实上，这是一种小肚鸡肠的表现。总以为别人占自己一分便宜，自己就要想尽办法占三分回来，否则自己就是吃了大亏，但是事实真的就像我们想象的那么单纯吗？

战国时，梁国与楚国相临。两国夙有敌意，在边境上各设界亭（哨所）。两边的亭卒在各自的地界里都种了西瓜。梁国的亭卒勤劳，锄草浇水，瓜秧长势很好；楚国的亭卒懒惰，不锄不浇，瓜秧又瘦又弱。

人比人，气死人。楚亭的人觉得失了面子，在一天晚上，乘月黑风高，偷跑过去把梁亭的瓜秧全都扯断。梁亭的人第二天发现后，非常气愤，报告给县令宋就，说要以牙还牙，也过去把他们的瓜秧扯断！

宋就说："他们这种行为当然不对。别人不对，我们再跟着学就更不对，那样未免太狭隘、太小气了。你们照我的吩咐去做，从今天开始，每晚去给他们的瓜秧浇水，让他们的瓜秧也长得好。而且，这样做一定不要让他们知道。"

梁亭的人听后觉得有理，就照办了。

楚亭的人发现自己的瓜秧长势一天比一天好起来，仔细观察，发现每天早上地都被人浇过，而且是梁亭的人在夜里悄悄为他们浇的。

楚国的县令听到亭卒的报告后，感到十分惭愧又十分敬佩，于是上报楚王。楚王深感梁国人修睦边邻的诚心，特备重礼送梁王以示歉意。结果这一对敌国成了友好邻邦。

"以眼还眼，以牙还牙"，看起来矛盾的双方是势均力敌，谁都不吃亏，但当你真的以这种原则去办事时，你会发现你可能解了一时之

悟宽悟严
宽严有度则可自在安乐

气，但不能得到大多数人的认可和好评。所以，你的行为事实上在告诉别人你是一个肚量狭小的人，那么还有谁敢靠近你？反之，以德报怨，不仅可以使那些对你不敬的人心生惭愧，同时还可以告诉别人你的胸怀和气度是别人无法企及的，那么你的周围会在不知不觉中吸引许多有德之人。这才是吃小亏，赚大便宜的上上之策。不要做那种斤斤计较的傻事。对你没有任何好处。

悟 语

在小事上计较就等于在大事上糊涂，所以，计较的结果还是自己吃亏。

6. 严于律己，宽以待人

谁都想自己在为人处世方面能够做得比较周全，有一个相对轻松和谐的环境，与别人友好地相处，那么宽以待人是不可缺的。我国古来就有"君子宽以待人，严于责己"的处世方法。

所谓宽以待人，就是指对他人的要求不可过分，不强求于人，而是以宽容为怀，能让人时且让人，能容人处且容人。

太阳还未升起前，庙前山门外凝满露珠的春草里，跪着一个人："师傅，请原谅我。"

他是城中最风流的浪子，十年前，却是庙里的小和尚，极得方丈宠爱。方丈将其毕生所学全数传授，希望他能成为出色的佛门弟子。但他却在一夜间动了凡心，偷下山门，五光十色的都市迷乱了他的双眼。从此花街柳巷，他只管放浪形骸。

夜夜都是春，却夜夜不是春。十年后的一个深夜，他陡然惊醒，窗外月色如水，澄明清澈地洒在他的掌心。他忽然深深忏悔，披衣而起，快马加鞭赶往寺里。

"师傅，你肯饶恕我，再收我做弟子吗？"

方丈痛恨他的辜负，也深深厌恶他的放荡，只是摇头："不，你罪孽深重，必堕阿鼻地狱。要想佛祖饶恕，除非……"方丈信手一指供桌，"连桌子也会开花。"

浪子失望地离开。第二天早上，当方丈踏进佛堂的时候，惊呆了：一夜之间，供桌上开满鲜艳的花朵，红的、白的，每一朵都芳香逼人。

方丈在瞬间大彻大悟。他连忙下山寻找浪子，却已经来不及了，心灰意冷的浪子又恢复了他原来的荒唐生活。而供桌上开出的那些花朵，也只开放了短短的一天。

生活中，没有人能做到万无一失，中国有句古话叫做"浪子回头金不换"。既然别人给了你一个显示大度能容的机会，你就要去伸手接纳他。佛陀不会嫌弃一个犯了错而知悔改的人。假如我们总是拿着别人的缺点去评三论四，而不从自己身上找缺点，那么，我们便不是一个理智、聪明的人。因为，聪明人往往是那种严于律己、宽以待人的人。

宽以待人是一个道德水平较高的表现。古谚说："有容，德乃大。"你希望别人善待自己，就要善待别人，要将心比心，多给人一些关怀、尊重和理解；对别人的缺点要善意指出，不能幸灾乐祸；对别人的危难应尽力相助，不应袖手旁观，落井下石。即使是自己人生得意马蹄疾时，也不能得意忘形，居功自傲，而是应多想想别人对自己的帮助和恩惠，让三分功给别人。人总是喜欢和宽容厚道的人交朋友的，正所谓"宽则得众"。宽以待人还要求我们"己欲立而立人，己欲达而达人"。自己要站得住，同时也使别人站得住，自己要事事行得通，同时也使别人事事行得通。《论语·颜渊》又说："君子成人之美，不成人之恶，

第八章

宽悟严悟
严宽
有
度
则
可
自
在
安
乐

小人反是。"在一定意义上，成人之美也是成己之美，即使对有错误的人也不要嫌弃，应给人提供改过的宽松条件，原谅别人的过失，帮助别人改正错误。正所谓与人方便，自己方便。当然，我们讲宽以待人，也不是说一味地姑息，否则就会失去宽厚的本意，正所谓"过宽杀人"。没有度的宽只是麻木怯懦，明哲保身，更是纵容丑恶。"有一种人，以姑息匪人市宽厚名，有一种人，以至举细数市精明名，皆偏也。圣人之宽厚，使人有所恃。圣人之精明，不使人无所容。"也就是说，用无原则宽容恶人去换取自己的宽厚名声，或列举别人琐碎小事换取自己精明的名声，都是有失偏颇。圣人的宽容程度是不使小人有所依靠，也不使小人容身。这也是我们所应把握的度。对恶人无原则的宽容无异于助纣为虐，是对善良人们的残忍，孔夫子说："唯仁者能好人，能恶人。"朱熹也讲："血气之怒不可有，义理之怒不可无。"我们在懂得宽以待人的同时，也应懂得嫉恶如仇，捍卫正义。只有做到当宽则宽，当严则严。抑恶扬善，才是真正的宽以待人。

宽以待人，正是以宽广的胸怀，宽容的气度。创造宽松的人际环境，大度豁达难容之事，使别人敬重和倾慕你的人品，并使你具有很大的人格魅力，特别是在竞争激烈的今天，宽以待人会使人人都喜欢与你交往，所以，宽以待人是入世的一个重要原则。

 悟 语

聪明人求自己，糊涂人求别人。

第九章

悟善悟恶
永为善事，永为善人

佛陀说："非身是名大身。"讲大身(大我)来自非身(非我)。要想修成金刚不坏之身，成就万世基业，就要把自己交给众人，这样才能完善自我，引领众生。

1. 勿以恶小而为之

佛教一直倡导信众和世人要"诸恶莫作，众善奉行。"不管是小的过错，还是小的罪恶，但凡是负面的言行都不要让它面世。三国时刘备在白帝城临终托孤时，仍不忘谆谆告诫刘禅："勿以善小而不为，勿以恶小而为之"，刘备一世枭雄，留下的名言不多，惟有这句话流传千古，而且给后人永久的启示：奉劝人们不要因为某个坏习惯不起眼就不重视，这句话看似比较浅显，但却蕴含着很深的哲理。它告诉我们要在日常生活中的细节上加强道德修养，以免因小失大。

白居易为官时曾去拜访鸟窠道林禅师，他看见禅师端坐在鹊巢边，于是说："禅师住在树上，太危险了！"

禅师回答说："太守，你的处境才非常危险！"

白居易听了不以为然地说："下官是当朝重要官员，有什么危险呢？"

禅师说："薪火相交，纵性不停，怎能说不危险呢？"意思是说官场浮沉，勾心斗角，危险就在眼前。

白居易似乎有些领悟，转个话题又问道："如何是佛法大意？"

禅师回答道："诸恶莫作，众善奉行。"

白居易听了，以为禅师会开示自己深奥的道理，没想到只是如此平常的话，便失望地说：

"这是三岁孩儿也知道的道理呀！"

禅师说："三岁孩儿虽道得，八十老翁却行不得。"

白居易被禅师一语惊醒。

"勿以善小而不为，勿以恶小而为之。"谁都知道这个道理，但能够做到的人却很少。

佛说："愚昧之人，其实亦知善业与恶业之分别，但时时以为是小恶，作之无害，却不知时时作之，积久亦成大恶。犹水之一小滴，滴下瓶中，久之，瓶亦因此一滴一滴之水而满。故虽小恶，亦不可作之，作之，则有恶满之日。"

有个非常有名的寓言故事，名叫"象牙筷子"，也非常有意思。商纣王刚登上王位时，请工匠用象牙为他制作筷子，他的叔父箕子十分担忧。因为他认为，一旦使用了稀有昂贵的象牙作筷子，与之相配套的杯盘碗盏就会换成用犀牛角、美玉石打磨出的精美器皿。餐具一旦换成了象牙筷子和玉石盘碗，你就千方百计地享用牛、象、豹之类的胎儿等山珍美味了。在尽情享受美味佳肴之时，你一定不会再去穿粗布缝制的衣裳，住在低矮潮湿的茅屋下，而必然会换成一套又一套的绫罗绸缎，并且住进高堂广厦之中。

箕子害怕演变下去，必定会带来一个悲惨的结局。所以，他从纣王一开始制作象牙筷子起，就感到莫名的恐惧。事情的发展果然不出箕子所料。仅仅只过了 5 年光景，纣王就穷奢极欲、荒淫无度地度日。他的王宫内，挂满了各种各样的兽肉，多得像一片肉林；厨房内添置了专门用来烤肉的铜烙；后园内酿酒后剩下的酒糟堆积如山，而盛放美酒的酒池竟大得可以划船。纣王的腐败行径苦了老百姓，更将一个国家搞得乌七八糟，最后终于被周武王剿灭而亡。

古人说"千里之堤，溃于蚁穴"，如果对小的贪欲不能及时自觉并且有效地修正，终将因为无底的私欲酿成灾难，小则身败名裂，大则招致亡国。我们要时常依照好的准则来检点自身的言行和思想，从善如流，否则等出现不良后果再深深痛悔都已太晚！

中国有个成语叫做"防微杜渐"，意思是在不良事物刚露头时就加

第九章 悟善悟恶 永为善事，永为善人

以防止，杜绝其发展。这个成语的出处是有个典故的。东汉和帝即位后，窦太后专权。她的哥哥窦宪官居大将军，任用窦家兄弟为文武大臣，掌握着国家的军政大权。看到这种现象，许多大臣心里很着急，都为汉室江山捏了把汗。大臣丁鸿就是其中的一个。丁鸿很有学问，对经书极有研究，对窦太后的专权他十分气愤，决心为国除掉这一祸根。几年后，天上发生日食，丁鸿就借这个当时认为不祥的征兆，上书皇帝，指出窦家权势对于国家的危害，建议迅速改变这种现象。和帝本来早已有这种感觉和打算，于是迅速撤了窦宪的官，窦宪和他的兄弟们因此而自杀。

丁鸿在给和帝的上书中，说皇帝如果亲手整顿政治，应在事故开始萌芽时候就注意防止，这样才可以消除隐患，使得国家能够长治久安。

人之善恶不分轻重。一点善是善，只要做了，就能给人以温暖。一点恶是恶，只要做了，也能给人以损害。而最重要的是对自己的道德品质的影响。所以，生活中的我们须谨言慎行。从一点一滴之间要求自己，做到为善。只有这样，我们才不至于在人生的沟沟坎坎中马失前蹄，断送我们本该美好的前途。

悟 语

善恶因心起，为小善可以养心，为小恶则可以损心。

2. 爱这世间一切生命

佛界悲悯一切生命，珍爱一切生命，这是佛界所讲的大善。所以，佛教是绝对禁止杀生的。可是，人作为万物之灵长，却似乎并不愿承认佛教的这一戒律。而且总是以自己所占的优势去践踏和摧残那些无辜的生命。

一座山上住着一位很有智慧的和尚，山下的村里有什么疑难问题，村民们都上山来向他请教。

村民们说没有任何事情能难住老人家。

有一个聪明又调皮的孩子想故意为难那位和尚，他捉住了一只小鸟，握在手中，跑去问和尚："大和尚，听说您是最有智慧的人，但我却不相信。假如您能猜出我手中的鸟是活的还是死的，我就相信了。"

和尚注视着小孩子狡黠的眼睛，心中有数。假如自己回答小鸟是活的，小孩会暗中加劲把小鸟掐死；假如回答小鸟是死的，小孩定会张开双手让小鸟飞走。

和尚于是拍拍小孩的肩膀说："这只小鸟的死活，就全看你的了。"

看看这个孩子吧。一个小孩就可以决定一只小鸟的生死。人类是否可以重新审视一下自己的天性和良知？人类为了自己的生存，遵循物竞天择、弱肉强食的生存规则是无可厚非的，否则，我们就只能自取灭亡。但我们绝不能因为自己是万物之灵长就可以像那个小孩一样任意将其他的生命握在手中，用我们的意志去决定它们的生死。因为那是一种罪，一种恶，而且是大恶。

佛说："众生皆怕刑害，自己亦怕刑害；众生皆怕死，自己亦怕死。人若能以此心，念自己之怕而想及其他众生之怕，则自己必不杀生，亦不教令人杀生。"

1960 年，饥饿不堪的人们围了两个山头，要把这个范围的猴子赶尽杀绝，不为别的，就为了肚子，零星的野猪、麂子已经解决不了问题，饥肠辘辘的山民把目光转向了群体的猴子。两座山的树木几乎全被伐光，最终一千多人将三群猴子围困在一个不大的山包上。猴子的四周没有了树木，被黑压压的人群层层包围，插翅难逃。双方在对峙，那是一场心理的较量。猴群不动声色地在有限的林子里躲藏着，人在四周安营扎寨，还时不时地敲击响器，大声呐喊，不给猴群以歇息机会。三日以后，猴群已经精疲力竭，准备冒死突围，人也做好了准备，开始收网进攻。于是，小小的林子里展开了激战，猴的老弱妇孺开始向中间靠拢，以求存活；人的老弱妇孺在外围呐喊，造出声势，青壮进行厮杀，彼此都拼出全部力气浴血奋战，说到底都是为了活命。战斗整整进行了一个白天，黄昏的时候，林子里渐渐平息下来，无数的死猴被收集在一起，各生产队按人头进行分配。

那天，有两个老猎人没有参加分配，他们俩为了追击一只母猴来到被砍伐后的秃山坡上。母猴怀里紧紧抱着自己的崽，匆忙地沿着荒脊的山岭逃窜。两个老猎人拿着猎枪穷追不舍，他们是有经验的猎人，知道抱着两个崽的母猴跑不了多远。于是他们分头包抄，和母猴绕圈子，消耗它的体力。母猴慌不择路，最终爬上了空地上一棵孤零零的小树。这棵树太小了，几乎禁不住猴子的重量，绝对是砍伐者的疏忽，他根本没把它看成一棵树。上了树的母猴再无路可逃，它绝望地望着追赶到跟前的猎人，更坚定地搂住了它的崽。

绝佳的角度，绝佳的时机，两个猎人同时举起了枪。正要扣扳机，他们看到母猴突然做了一个手势，两人一愣，分散了注意力，就在犹疑间，只见母猴将背上的、怀中的小崽儿，一同搂在胸前，喂它们吃奶。两个小东西大约是不饿，吃了几口便不吃了。这时，母猴将它们搁在更高的树杈上，自己上上下下摘了许多树叶，将奶水一滴滴挤在叶子上，搁在小猴能够够到的地方。做完了这些事，母猴缓缓地转过身，面对着猎人，用前爪捂住了眼睛——

母猴的意思很明确：现在可以开枪了……

母猴的背后映衬着落日的余晖，一片凄艳的晚霞和群山的剪影在暮色中摇曳，两只小猴天真无邪地在树梢上嬉戏，全不知危险近在眼前。

猎人的枪放下了，永远地放下了……

人权往前推演一步，就是动物权，就是承认众生平等，承认动物也有其生存和发展的权利。于是，人本主义被质疑，人权受到挑战。凭什么以人为中心，以人的意志和利益来规定这个世界的秩序？凭什么以人的无节制的欲望，来剥夺动物的生存和发展的权利？

在世俗社会中，关于杀生的伦理原则，应该是把需求量降到最低，把猎杀量降到最低。不是绝对禁止杀生，而是尽可能减少杀生。尽可能减少杀生，不仅是为了"可持续发展"，使我们明天还有生可杀，而且是基于"众生平等"的伦理，认识到杀生就是作恶。为了我们人类的生存和健康，我们不得不杀生。那是我们不得不作的必要的恶。或者说，必要的作恶不算作恶。或者说，理性的作恶恶中有善。

是的，理性的作恶，恶中有善！因为并不是每一粒生命的种子都有发育的权利，并不是每一个生命的个体都有继续生长和繁衍的权利。如果每一粒鱼卵都不受伤害地发育成鱼，不出几代，整个地球水域就会变得拥挤不堪，最终成为一切水生生物的坟场。如果每一枚鸡蛋都不受伤害地孵化成鸡，如此蛋生鸡、鸡生蛋，不出十年，地球上的所有空间就只剩下了鸡，进而成为鸡的墓地……所以，杀生是恶行，也未尝不是善举。

对于人类，对于世俗社会，其伦理原则当为：可以杀生，但不要超出你自己的生存需求，不要危及被食用者的物种生存，不要赶尽杀绝，不要暴殄天物，不要无端地残害生命，也不要为满足自己那点好奇心或小情趣，就去囚禁生命，包括动物园囚禁众多珍禽异兽和市井人家囚禁一只相思鸟。

上天有好生之德。以己之心体谅动物之心，爱这世间的一切生命，是我们为人的大善。

第九章 悟善悟恶
永为善事，永为善人

怜悯生命，尊重规律，以德扬善，造福于人。

3. 常行忏悔

在日常生活中，我们在有心无心之间不知做错了多少事情，说错了多少言语，动过多少妄念，只是我们没有觉察罢了。所谓"不怕无明起，只怕觉照迟"，这种从内心觉照反省的功夫就是忏悔。忏悔在生活上有什么作用呢？它能帮助我们什么？第一，忏悔是认识错误的良心。第二，忏悔是去恶向善的方法。第三，忏悔是净化身心的力量。

佛界有这样一个故事。

悟明与悟静一同听道。禅师正讲"不杀生"的戒律，坐在悟静身边的一个魁伟的大汉悄悄对悟静说："我是一名刽子手，可是我知道我罪恶深重，想改恶从善。我还能修道吗？"

悟静重重地点了一下头，道："能！"

在回家的路上，悟明责怪悟静，说："你为什么骗那个刽子手？他杀了那么多人，明明要受到报应入地狱的！"

悟静反问："你能成佛吗？"

悟明想了想，道："应该可以。"

悟静问："你每天喝水吗？"

悟明有些茫然，但还是回答说："当然。"

"你知道一口水中有多少生灵吗？"

"佛说，一口水有八万四千条生灵。"

"它们杀过人吗？"

"没有。"

"它们抢过钱财吗？"

"没有。"

"它们打劫放火吗？"

"没有。"

"那么你每天随意残杀无辜生灵尚能成佛，他如何不能修道呢？"

人无忏悔之心便无药可医，佛说："人有时因无知而犯罪，或因愤恨，或因误会而犯罪。事后，自知无理，来求忏悔谢罪，此人确是难得，有上德行，但受者反不肯接受其忏悔，必欲报复。如果是这样的话，那么犯罪者已无罪，而不接受忏悔者，反成为积集怨结之人。"

平时我们的衣服肮脏了，穿在身上非常不舒服，把它洗干净再穿，觉得神清气爽；身体有了污垢也要沐浴，沐浴以后，浑身上下舒服自在；茶杯污秽了，要用清水洗净，才再能装茶水；家里尘埃遍布，也要打扫清洁，住在里面才会心旷神怡。这些外在的环境器物和身体肮脏了，我们知道拂拭清洗，但是我们内在的心染污时，又应该怎样去处理呢？

当我们的心受到染污的时候，要用清净忏悔的净水来洗涤，才能使心地没有污秽邪见，使人生有意义。

在日常衣食住行的生活中，有了忏悔的心情，就能得到恬淡快乐。好像穿衣时，想到"慈母手中线，游子身上衣"的古训，想到一针一线都是慈母辛苦编织成的，那密密爱心多么令人感激！这样一想一忏悔，布衣粗服不如别人美衣华服的怨气就消除了。吃饭时，想到"一粥一饭来之不易"，粒粒米饭都是农夫汗水耕耘，我们何德何能，岂可不好好珍惜盘中餐？惭愧忏悔的心一生，蔬食淡饭的委屈也容易平息了。住房子，看到别人住华厦美居，心生羡慕，要想想"金角落，银角落，不及自家的穷角落"，觉得有一间陋室可以栖身，可以居住，那总要比多少流落街头，躲在屋檐下避风雨的人好得多了。忏悔心一发，自然住得安心舒适了。出门行路，看到别人轿车迎送，风驰电掣好不风光，但想到别人得到这些，不知要熬过多少折磨，吃过多少苦楚，是心血耕耘得来的，而自己还努力不够，功夫不深，自然应该安步当车，这样，也就洒脱自在了。

一念忏悔，使我们原本缺憾的生活，突然时时风光，处处自在，变得丰足无忧了，这就是能够常行忏悔的好处。

忏悔是我们生活里时刻不可缺少的一种言行。忏悔像法水一样，可以洗净我们的罪业；忏悔像船筏一样，可以运载我们到解脱的彼岸；忏悔像药草一样，可以医治我们的烦恼百病；忏悔像明灯一样，可以照亮我们的无明黑暗；忏悔像城墙一样，可以保护我们的身心六根。《菜根谭》里说："盖世功德，抵不了一个矜字；弥天罪过，当不了一个悔字。"犯了错而知道忏悔，再重的过错也就有了改正的开端。

佛经上说"菩萨畏因，众生畏果"。菩萨和众生的差别，在于菩萨能高瞻远瞩，眼光看得远大，不会迷惑于一时的贪欲，造作万劫难复的恶因；而众生短视浅见，只看到刀锋上甜美的蜜汁，却全然不顾森寒锐利的锋刃。等到蜜汁尝到了，舌头也割破了的时候，已经种下无尽的恶因，结成无法弥补的苦果，后悔莫及了。人生短暂，我们应早向圣贤看齐，趁着年轻力壮的时候勤奋开垦，创造自己光明而美满的人生。

忏悔是重新认识和评价自我、重新更迭和安顿自我的一种非常重要的途径。忏悔的意思是"承认错误"，但是承认错误之后，还要负起责任，准备接受这个错误所带来的一切后果，这才是忏悔的功能。

根据佛经，忏悔有三种方法：第一是对自己的良心忏悔；第二是对我们所亏欠的人忏悔；第三则是当众忏悔。在当下承认错误的同时，对自己负责，也对他人负责。

其实在我们一生之中，无意间对不起的人有很多很多，他很可能就是我们的父母、兄弟姊妹等最亲近的亲人；我们伤他们的心，让他们受苦受难，而自己并不知道，甚至有时候让人家受苦受难，心中还在幸灾乐祸，说："活该！希望他再苦一点，这样才能发泄我心中的不满。"有这样的向恶心理，都应该要忏悔。如果我们平常能够天天忏悔的话，我们的身心行为就会越来越清净。

忏悔、知己之恶而改之，然后可成善因。

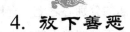

4. 放下善恶

人之善恶，犹如人之生死，是与生俱来的。

赫拉克利特说："神就是生命和死亡；夏天和冬天；饥饿和饱足；善和恶。它一直都是两者，神就是真实的存在。"

我们每个人的本来，没有恶也没有善。善恶是孪生兄弟，是互相对立而成立的。当我们弃绝了恶时，恶的对立面善也就不复成立了。

倡导善良，只是为了让我们以最小的成本进行生活；以恶相报自然是恶恶相报成本陡然增大。奉行善心善行，其实是减少人生成本，让我们好过一些，这并非就是真理本身。

所以，禅要求我们超越于善恶这种分别心之上，直接明白我们心灵的真实情况，如此才是契入禅机的要点。

六祖慧能辞别了五祖，开始向南奔去。过了两个半月，到达大庾岭。后面追来了数百人，欲夺衣钵。有一名叫慧明的僧人，出家前是四品将军，性情粗暴，极力寻找六祖，他抢在众人前面，赶上了六祖。

六祖不得已，将衣钵放在石头上，说："这衣钵是传法的信物，怎么能凭武力来抢呢？"然后隐藏在草莽中。

慧明赶来拿，却无论如何也拿不动法衣。于是他大声喊道："行者，行者，我是为得到佛法而来，不是为此法衣而来。"

六祖就从草间出来，盘坐在石头上。慧明行礼后说："望行者能为我说说佛法。"六祖说："既然你是为了佛法而来，那你就摒弃一切俗念，不要再有任何念头，我为你说法。"

慧明静坐了良久，六祖说："不思善，不思恶，正在这个时候，哪个是明上座的本来面目？"

慧明听了，顿时大悟。

禅要求我们超越于善恶的分别心之上，直接明白我们心灵的真实情况。以无所依、无所求之心而培养善心善行，才是最好的生活状态。

一个人可以在一念之间变成耶稣也可以变成魔鬼，那是因为人性中本就存在光明与黑暗的两面。当妄念太过执著时，人便舍弃了光明的那一面，而走向黑暗。其结果也必将是黑暗的。人生如过眼云烟，最终必是一切成空。为恶一生所得的所有益处都无法带走。只有以无所求之心培养善心善行，方能得到"极乐"的赠予。

悟 语

以无所希求之心培养善心善行，则可以无挂无碍，享受上佳的生活境界。

5. 盲人点灯

漆黑的夜晚，一个远行寻佛的苦行僧到了一个荒僻的村落中，漆黑的街道上，村民们你来我往。

146

苦行僧走进一条小巷，他看见有一团晕黄的灯从静静的巷道深处照过来。一位村民说："瞎子过来了。"

瞎子？苦行僧愣了，他问身旁的一位村民："那挑着灯笼的人真是瞎子吗？"

他得到的答案是肯定的。

苦行僧百思不得其解。一个双目失明的盲人，他根本就没有白天和黑夜的概念，他看不到高山流水，也看不到桃红柳绿的世界万物，他甚至不知道灯光是什么样子的，那他挑一盏灯笼岂不可笑吗？

那灯笼渐渐近了，晕黄的灯光渐渐从深巷移游到了僧人的鞋上。百思不得其解的僧人问："敢问施主真的是一位盲者吗？"

那挑灯笼的盲人告诉他："是的，自从踏进这个世界，我就一直双眼混沌。"

僧人问："既然你什么也看不见，那为何挑一盏灯笼呢？"

盲者说："现在是黑夜吗？我听说在黑夜里没有灯光的映照，那么满世界的人都和我一样什么也看不见，所以我就点燃了一盏灯笼。"

僧人若有所悟地说："原来您是为了给别人照明？"

但那盲人却说："不，我是为自己！"

"为你自己？"僧人又愣了。

盲人缓缓向僧人说："你是否因为夜色漆黑而被其他行人碰撞过？"

僧人说："是的，就在刚才，我还不留心被两个人碰了一下。"

盲人听了，深沉地说："但我却没有。虽说我是盲人，我什么也看不见，但我挑了这盏灯笼，既为别人照亮了路，也更让别人看到了我。这样，他们就不会因为看不见而碰撞我了。"

苦行僧听了，顿有所悟。他仰天长叹说："我天涯海角奔波着找佛，没有想到佛就在我的身边。原来佛性就像一盏灯，只要我点燃了它。即使我看不见佛，佛也会看得到我。"

第九章 悟善悟恶

永为善事，永为善人

147

在一般人看来，盲人点灯是一种愚蠢的行为。但智者却偏偏是那个点灯的"盲人"。在漆黑的夜点一盏灯，不仅是为照亮别人，更是为照亮自己。别人因为黑暗而无法看清你的存在，所以，撞了你。但当你点一盏灯时，你的善行因为照亮了自己，所以别人便不会再去撞你。即使你是一个盲人，也不会遭受这种恶运。这就是我们所说的助人者善自助。

很多年前的一个暴风雨的晚上，有一对老夫妇走进旅馆的大厅要求订房。

"很抱歉，"柜台服务员回答说："我们饭店已经被参加会议的团体包下了。往常碰到这种情况，我们都会把客人介绍到另一家饭店，可是这次很不凑巧，据我所知，另一家饭店也客满了。"

他停了一会，接着说："在这样的晚上，我实在不敢想象你们离开这里却又投宿无门的处境，如果你们不嫌弃，可以在我的房间住一晚，虽然不是什么豪华套房，却十分干净。我今晚就呆在这里完成手边的订房工作，反正晚班督察员今晚是不会来了。"

这对老夫妇因为造成柜台服务员的不便，显得十分不好意思，但是他们谦和有礼地接受了服务员的好意。第二天早上，当老先生下楼来付住宿费时，这位服务员依然在当班，但他婉拒道："我的房间是免费借给你们住的，我全天候呆在这里，已经赚取了很多额外的钟点费，那个房间的费用本来就包含在内了。"

老先生说:"你这样的员工,是每个旅馆老板梦寐以求的,也许有一天我会为你盖一座旅馆。"

年轻的柜台服务员听了笑了笑,他明白老夫妇的好心,但他只当那是个笑话。

又过了好几年,那个柜台服务员依然在同样的地方上班。有一天他收到老先生的来信,信中清晰地叙述了他对那个暴风雨夜的记忆。老先生邀请柜台服务员到纽约去拜访他,并附上了一张来回机票。

几天之后,他来到了曼哈顿,于座落在第五大道和三十四街间的豪华建筑物前见到了老先生。

老先生指着眼前的大楼解释道:"这就是我专门为你建的饭店,我以前曾经提过,记得吗?""您在开玩笑吧!"服务员不敢相信地说,"都把我搞糊涂了!为什么是我?您到底是什么身份呢?"年轻的服务员显得很慌乱,说话略带口吃。

老先生很温和地微笑着说:"我的名字叫威廉·渥道夫·爱斯特。这其中并没有什么阴谋,因为我认为你是经营这家饭店的最佳人选。"

这家饭店就是著名的渥道夫·爱斯特莉亚饭店的前身,而这个年轻人就是乔治·伯特,他成为这家饭店的第一任经理。

你怎样对待别人,别人就会怎样对待你;你怎样对待生活,生活也会以同样的态度来对你进行回报。

当黑暗来临时,点一盏灯,不为别人,只为自己,但为自己的同时却也是为了他人。不要吝啬于自己的善行。当你点燃那盏照亮的灯时,受益的不仅是路人,而且还有你自己。任何时候的善行都将使你受益。

 悟语

盲人点灯不是有悖常理,而是人生的一种大智慧。

第九章 悟善悟恶
永为善事,永为善人

6. 一视同仁度世人

佛法要求禅师度化众生，为众生解除苦难，是没有什么分别心的。

无分别心的佛性中，能发起真实的菩提心，也才能产生真正的慈悲心。

只度善的，和想看好的、想听好的一样，只是事物的一面，而不包括另一面，所以是不完整的，是执著心。

曾经有这样一个故事：

有一位年轻和尚不论晴天或风雨天，不论早晨或黄昏，总是默默地站在大树下托钵化缘。尽管路口霓虹闪烁，车马喧嚣，他总是紧闭双目，纹丝不动地伫立着，他的神态与毅力，深深地令人折服。

树下常有两三位蓬头垢面、敝衣褴褛的小孩在追逐嬉戏。有一次，两个小孩竟公然窃取和尚钵里的缘金，而和尚却视若无睹。

其实，小孩的偷窃行为并非"偶然"，而是一种"习惯"。和尚的缘金竟成了他们固定的一种收入。

几天后，那位和尚仍然默默地站在那儿化缘，但旁边多了两位小沙弥。原来竟是那两位偷窃缘金的小孩。

儒家讲求"有教无类"；刑法追求"有期徒刑"；佛教则主张"普度众生"。与其惩治恶徒，不如以善缘感化。

因为善恶只不过是因缘的变化而已，没有永远的善，也没有永远的恶，都是不长久的，都会变化。

佛法扬善弃恶，却不执著，若想达到真正的慈悲，就需要一视同仁。

要想得到心灵的真实解脱，就要了解不分别善恶的这个佛性。

了解了以后，善要度，恶也要度。任何"认定"对方恶的念头已经是对对方不利了，所以也是对自己的不利。人类的争斗，有很多就是因此而起。就像武侠小说中，名门正派也出邪人邪事，旁门左道中亦有正大光明。

善恶都是相对立而起的，是不断变化的，在禅者眼里只不过是世人空幻的名相罢了。他那里只讲众生平等，不论贤愚。

不要妄加指责谁恶谁愚。在佛性中造出的一切念头，所产生的果报都得自己承受。

那种旁人"业力大业力小"的议论既不见容于社会其他人群，也是违背了佛法本意的邪行邪语。

佛说："如果有人对我们做坏事、说坏话，我们亦同样对他做坏事、说坏话，结果双方都是坏人；所以要用好的方法、好的行为、好的话去对待他，自然会叫他心服，别的人亦称赞我们。"

世间人是冤冤相报，佛法是以德报怨，你以怨对我，我以德对你。冤冤相报是凡夫，是造轮回业。真正觉悟之人，对于毁谤、侮辱、陷害他的人，甚至于要杀害他的人，都没有丝毫怨恨心，反而更加慈悲去爱护他、帮助他、救度他。感化一个人，就等于度化了一个人。

过去，有一位国王带领许多妃嫔、宫女到郊外游戏打猎。途中，国王追逐野兔走远了，妃嫔们于是在树林中等候。

妃嫔们看到一位修道者正在林中沉思，于是向他请教。国王回来之后，责备她们与陌生人说话。

"我不过是指导她们学习忍辱的精神而已。"修道人安详地回答。

"哈哈！你自命为忍辱的人吗？我倒要试试你的忍辱修养。"说着，他挥剑将修道者的手臂斩断。

"现在，你该愤恨了吧！"国王得意地说。

第九章

悟善悟恶

永为善事，永为善人

修道者虽然痛苦，仍然和缓地看着他，回答："我不愤恨。怀恨只有冤冤相报。将来我成道后，一定要来度化你，以了结这段业缘。"

慈悲心在他的神态中表露无遗。国王感动极了，跪在地上，深深忏悔。

这位忍辱仙人，正是释迦牟尼佛的前生。

佛法中的一视同仁度化世人在这个故事中可以极其明了地说明一切。无论恶人还是善人。他们的心始终会有柔软的那一部分。只要你不抛弃那个恶人，你终会感化他向善。

悟 语

对恶人以善相待，胜于对其严惩。

第十章
悟得悟失
怀一颗平常心对待得失利害

佛陀说："应无所住。"就是要我们去掉执著心，不要执著于某个目标，不要为求一点，而失掉一面。因为你只有一个，而目标却可以是很多个。

1. 舍与得

舍，在佛家看来，就是对一切事物不起一点儿憎爱执著，并且能够不断地付出，不断地给予。

很久以前，有一座大香山，山里长着无数的荜拨树、胡椒树以及其他各种药草。荜拨树上常常栖息着一种鸟，名叫"我所鸟"。

每年春天药果成熟时，许多人便来到这里采摘药果，用这些药果治病，这时我所鸟总是悲伤地叫唤着："这果是我所有啊！你们不要采摘！我心里真不愿意谁来采摘啊！"

它虽然这样叫喊，人们还是照旧采摘，一点也不理会它的哭嚎。这鸟命薄，忧伤地叫呀叫的，声声不绝，最后终于因为过于哀伤而死。

故佛有一偈曰：人执我所有，悭贪不能舍；纵以是生护，亦为无常夺。

"我所有"就是我所有的房屋、眷属、家产，这些身外之物可以利用它来维持我们的生命；而修行人所需要的仅是菜饭饱、布衣暖足矣，如贪求无厌，吝惜不舍，一旦失落，难免会像我所鸟那样哀叫而死。

有一天，佛主见路边地下埋有黄金，就对弟子说"下有毒蛇"。佛主走后，有个人不信，去挖土，挖出很多黄金来，一时暴富，被人告发。国王责怪他没有缴公，就判了他的罪，所以佛主说黄金就是毒蛇。

佛主还说人所有财物为五家所有，哪五家呢？为水所漂，为火所烧，为贼所盗，为子所败，为官府所抄。其实婆婆世界里的一切，都不是用来拥有的，而是用来舍的，一个人舍下一切则是真正的壮大，无牵无挂；一个人拥有一切便是沉沦苦痛的深渊。学会舍弃，免于物欲的奔逐、事物的执迷，才能获得人生的自在与豁达。

在巴勒斯坦有两个湖，这两个湖给人的感觉是完全不一样的。其中一个湖名叫加里勒亚湖，水质清澈洁净，可供人们饮用，湖里面各种生物和平相处，鱼儿游来游去，清晰可见，四周是绿色的田野与园圃，人们都喜欢在湖边筑屋而居。

另一个湖叫死海，水质的碱度位于世界之最，湖里没有鱼儿的游动，湖边也是寸草不生，了无生气，景象一片荒凉，没有人愿意住在附近，因为它周围的空气都让人感到窒息。

有趣的是，这两个湖的水源，是来自同一条河的河水。所不同的是：一个湖既接受也付出，而另一个湖在接受之后，只保留，不懂得舍却原来的水。

让河流动，方得一池清水，这是流水不腐的道理。舍而后得，这是人生的道理。

"舍得"一词，是佛家语，是禅境语。本意是讲万丈红尘扑朔迷离，人生在世总会有获得有舍却。舍与得互为因果，往与复本来是自如的，如果领略其中奥意，自然可以打破分别之心。佛无分别心；无分别心，即无烦恼挂碍，心境圆融通达，万象归于一乘，人生有限之生命就会融入无限的大智慧中。

舍与得的问题，多少有点哲学的意味。舍得，舍得，先有舍才有得，不舍不得，小舍小得，大舍大得，舍即是得。舍是得的基础，将欲取之，必先予之，因而人生最大的问题不是获得，而是舍弃，无舍尽得谓之贪。贪者，万恶之首也。领悟了舍得之道，对于做人做事都有莫大的益处。做人，应该抛弃贪婪、虚伪、浮华、自私，力求真诚、善良、平和、大气。做事，应该有所为有所不为。

生活本来就是舍与得的世界，我们在选择中走向成熟。做学问要有取舍，做生意要有取舍，爱情要有取舍，婚姻也要有取舍，实现人生价值更要有取舍……正如孟子所说："鱼，我所欲也；熊掌，亦我所欲也。二者不可兼得，舍鱼而取熊掌者也。"人生即是如此，有所舍而有所得，在舍与得之间蕴藏着不同的机会，就看你如何抉择。倘若因一时贪婪而不肯放手，结果只会被迫全部舍去，这无异于作茧自缚，而且错过的将是人生最美好的时光，即使最后能获得什么，那也是一种得不偿失！何苦来哉？

悟 语

　　舍与得之间的抉择是一种生活的艺术，亦是一种人生哲学。是否舍得就看你的慧量是多少了。

2. 生活的两面

　　俗话说"万事有得必有失"，得与失就像小舟的两支桨，马车的两只轮，得失只在一瞬间。失去春天的葱绿，却能够得到丰硕的金秋；失去青春岁月，却能使我们走进成熟的人生……失去，本是一种痛苦，但也是一种幸福，因为失去的同时也在获得。

　　所以得到与失去、追求与放弃，是现实生活中再平常不过的事情了，我们应该以一种平常、豁达的心态去看待。

　　一位大财主名叫提婆，为人刻薄、爱财如命，不但多方聚敛，就是一件极小的公益都不肯去做。家中虽藏有 8 万余两黄金，日常生活却过得和穷人一样，人们对他非常的讨厌。他一死，没有子孙来继承，依照法律，财产全归国有，这下子人心大快，也不免议论纷纷。

　　波斯王深感疑惑，就去请教佛陀："佛陀！像提婆这样悭吝的人，为什么今生会这么富有呢？"

佛陀微笑道："大王！这是业报，是有前因的。提婆在过去世中曾供养过一位辟支佛，种了不少善根，所以得到了多生多世的福报，今生的富贵是他最后一次的余福了。"

波斯王又追问道："他今生虽未行善事，但也未造恶业，在他生死相续的来生，能不能也像今生一样的大富呢？"

佛陀摇摇头说："不可能了！他的余福已经享尽，而今生又没有布施种福，来生绝对不可能再享受福报了。"

《因果经》有一首偈这样说道："富贵贫穷各有由，夙缘分是莫强求。未曾下得春时种，坐守荒田望有秋。"其实，人世间的事，无论好坏、善恶、得失、有无，都有其因果关系，没有任何一件事可以脱离因果法则的。同样是人，为什么有人贫富，有人贵贱呢？这是因为有的人好吃懒做，悭吝不舍，整日游手好闲，不事生产，自然坐吃山空；有的人辛勤劳作，乐善好施，懂得广结善缘，自然生财有道。

在佛门里称布施为"种福田"，只要有播种，必然会有结果，但是何时才能收成，就有待因缘成熟了。悭贪之人应该知道喜舍结缘乃是发财顺利之因，不播种，怎有收成？而且布施应在不自苦、不自恼的情形下为之，否则就是不净之施，不是真心惠人！

总之，能舍才能得啊！

有舍有得，舍与得是生活的两面。得到了这一面，就必然会舍去另一面。正如福祸相依一样。世界上有许多人因为各种原因失去了他们本该拥有的，也得到了别人无法得到的。

1880 年，海伦·凯勒出生于美国亚拉巴马州的一个小镇，她从小聪明过人，但在 19 个月的时候，一场暴病残酷地夺去了她视、听、说的全部能力。后来她在家庭教师莎莉文小姐的帮助下，靠着日复一日、年复一年的奋力拼搏，不但学会了读书、写作、说话，而且上了大学，

第十章

悟得悟失
怀一颗平常心对待得失利害

并最终克服常人无法想象的困难，成为一名举世瞩目的大作家，著有《我生活的故事》等共14部作品，许多国家授予了她荣誉学位和勋章。她的著作不仅被译成了布莱叶盲文，而且还译成了其他各种语言在全世界出版发行，她的事迹不但鼓舞了全球的残疾人，而且也鼓舞着无数健全的人。透过她那传奇的人生经历，人们对她身上那坚强的品质钦佩不已，这个双目失明的聋哑人，战胜三重残疾而创造了人生辉煌的传奇般经历，激励着一代又一代的人去为美好的明天而努力，去寻找自己在困境中更辉煌的生存方式。

海伦是不幸的。但因为这种不幸，使得她更渴望得到一种承认。所以，可以说苦难给了她不幸，同时也教给了她微笑面对生活让自己创造奇迹的勇气。相对于海伦而言，我们多数人是幸运的，而我们没有做出太大的成就是因为我们大多数人都存在着心理惰性。当然，也不是说因为有了类似海伦的经历就是好的。而是说这个世界其实一直都在遵守着能量守恒定律。生活让你失去了一部分，就必然会在另一部分中给你补偿。

有一个10岁的小男孩在一次车祸中失去了左臂，但是他很想学柔道。最终，小男孩拜一位日本柔道大师为师，开始学习柔道。他学得不错，可是练了3个月，师傅只教了他一招，小男孩有点弄不懂了。

一天，他终于忍不住问师傅："我是不是应该再学些其他招法？"师傅回答说："不，你只需要会这一招就够了。"小男孩并不是很明白，但他很相信师傅，于是就继续照着练了下去。

几个月后，师傅第一次带小男孩去参加比赛。小男孩自己都没有想到居然轻轻松松地赢了前两轮。第三轮稍稍有点艰难，但对手还是很快就变得有些急躁，连连进攻，小男孩敏捷地施展出自己的那一招，又赢了。就这样，小男孩迷迷糊糊地进入了决赛。

决赛的对手比小男孩高大、强壮许多，也似乎更有经验。关键时刻，小男孩显得有点招架不住了。裁判担心小男孩会受伤，就叫了暂停，还打算就此终止比赛，然而师傅不答应，坚持说："继续下去！"

比赛重新开始后，对手放松了戒备，小男孩立刻使出他的那招，制服了对手，最终获得了冠军。

在回家的路上，小男孩和师傅一起回顾每场比赛的每一个细节，小男孩鼓起勇气道出了心里的疑问："师傅，我怎么能仅凭一招就赢得了冠军？"

师傅答道："有两个原因：第一，你几乎完全掌握了柔道中最难的一招；第二，据我所知，对付这一招惟一的办法是对手抓住你的左臂。"

生活就是这样有时缺陷可以变成优势。所以，当你拥有缺陷时，不要为此忧伤，因为生活本来就有它的两面性。谁都无法逃离这个规则。

生活总在遵循能量定恒定律，阴雨过后必定会有阳光明媚的日子。

3. 忍小舍谋大得

一位老禅师在院子里种了一棵菊花，第三年的秋天，院子成了菊花园，香味一直传到了山下的村子里面。凡是来寺院的人们都忍不住赞叹道："好美的花儿呀！"

一天，村子里有个人开口向老禅师要几棵花种在自家的院子里，老禅师答应了。他亲自动手挑拣开得最艳、枝叶最粗的几棵，挖出了根须送到了那个人的家里。消息很快传开了，前来要花的人接连不断。在老禅师的眼里，这些人一个比一个知心，一个比一个亲近，所以都要给。

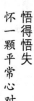

不多时日，院子里的菊花就被送得一干二净了。

没有了菊花，院子里就如同没有了阳光一样寂寞。

秋天的最后一个黄昏，有个弟子看到满院的凄凉，就忍不住地叹息道："真可惜！这里本来应该是满院花朵与香味的。"

老禅师笑着对弟子说："你想想，这岂不是更好吗？三年之后将一村菊香。"

"一村菊香！"弟子不由地心头一热，看着师父，只见他脸上的笑容比开得最美的花还要灿烂。

老禅师告诉弟子说："我们应该把美好的事与别人一起共享，让每一个人都感受到这种幸福，即使自己一无所有了，心里也是幸福的！这时候我们才真正拥有了幸福。"

不舍一株菊花，哪得一村菊香？

没有小舍，怎么可以得到更多？生活是一种付出——收获——付出的往复循环过程，而在整个循环过程中，付出是前提，收获是结果。假如你不舍小，那么就不可能有大得。比如说有只狐狸被猎人下套套住了一只爪子，它毫不迟疑地咬断了那只小腿，然后逃命。放弃一只腿而保全一条生命，这是一种智慧。

生活中，常有不好的境遇会不期而至，搞得我们猝不及防，这时，我们应该保持清醒的头脑，以微小的代价去换取最大的收益。

在滑铁卢大战中，大雨造成的泥泞道路使炮兵移动不便，可是拿破仑不甘心放弃最拿手的炮兵，而如果拖延时间，对方增援部队有可能先于自己的援军赶到，那样后果会不堪设想。然而在踌躇之间，几个小时过去了，对方援军赶到。结果，战场形势迅速扭转，拿破仑遭到了惨痛的失败。

拿破仑的失败足以证明：要取得战争的胜利，必须在最重要的主战场上集中优势兵力，全力以赴去争取胜利，而在不重要的战场上要肯于做出让步和牺牲，应该能够坦然接受次要战场上的损失和耻辱。同样的道理，在人生的战场上我们也应当学会放弃，敢于放弃，不要为眼前的一点利益斤斤计较，而应该倾注自己的时间和精力于主战场上，不必计较次要战场的得失与荣辱，不要怕在选择时会犯错误，因为错误常常是正确的先导。

在日常生活中，当我们与人发生矛盾或冲突时，只要不是什么原则问题，我们完全可以放弃争强好胜的心理，甚至甘拜下风，这样就可能化干戈为玉帛，避免两败俱伤；当我们在家庭生活中发生摩擦时，放弃争执，保持缄默，就可以唤起对方的恻隐之心，使家庭保持和睦温馨。

1965 年 9 月 7 日，世界台球冠军争夺赛在纽约举行。路易斯·福克斯十分得意，因为他远远领先于对手，只要再得几分便可登上冠军宝座。这时，突然发生了一件令他意料不到的小事——一只苍蝇落在了主球上。路易斯开始时没在意，一挥手赶走了苍蝇，俯下身准备击球，可当他的目光落在主球上时，那只可恶的苍蝇又落到了主球上。

在观众的笑声中，路易斯又去赶苍蝇，这时他的情绪明显受到了影响，而那只苍蝇却好像要故意跟他作对似的，他一回到台盘，它也跟着飞回来，惹得在场观众哄堂大笑。路易斯的情绪恶劣到了极点，终于失去冷静和理智，愤怒地用台球杆去击打苍蝇，一不小心球杆碰到主球，被裁判判为击球，从而失去了一轮机会。本以为败局已定的对手约翰·迪瑞见状，勇气大增，最终赶上并超过路易斯，夺得了冠军。

第二天早上，路易斯的尸体在河里被发现：他投水自杀了。

这个尘世对于我们而言是一个未知数。一个人付出了，舍弃了之后，究竟能获得多大的收益，没有人可以说得清楚。但假如你一点都不愿舍弃，那就一定一点都得不到，小舍小得，大舍大得。人生的智慧在于以舍小而求大得。懂得用一条腿求得整个生命的延续。

舍卒保车可以获得全盘皆赢的效果。所以，我们总该聪明一点，不要因为一块马蹄铁而输掉整场战争。

4. 不要太固执

命运有时喜欢和我们开玩笑，当我们固执地下注，认为自己一定能赢时，结果却可能是一无所获。所以，就当我们来这世间只是一次旅行吧。把心放宽松一点，不要太固执，否则你只会让自己走上绝路。

佛印曾坐在船上与苏东坡把酒话禅，突然闻听："有人落水了！"

佛印马上跳入水中，把人救上岸来。被救的原来是一位少妇。

佛印问："你年纪轻轻，为什么寻短见呢？"

"我刚结婚三年，丈夫就遗弃了我，孩子也死了。你说我活着还有什么意思？"

佛印又问："三年前你是怎么过的？"

少妇的眼睛一亮：

"那时我无忧无虑、自由自在。"

"那时你有丈夫和孩子吗？"

"当然没有。"

"那你不过是被命运送回到了三年前。现在你又可以无忧无虑，自由自在了。"

少妇揉揉眼睛，恍如一梦。她想了想便走了。以后再也没有寻过短见。

很显然，那位妇女要寻短见是因为她固执地认为丈夫与孩子是她生命的全部，是她固执于这些，所以才在失去时选择自杀。但三年前，她没有这些时，她不是一样活得很快乐吗？所以，许多人，许多物其实都是可有可无的。该放弃时就不要固执地紧抓不放。

虽说我们一直以来就提倡做任何事情都必须有坚毅的品格和坚强的意志，应该具有锲而不舍的精神，但是，当我们在具体实施时，还是应当进出有度，不拘一格，这样才会适合时宜，才符合社会和自然千变万化的意志，也只有如此才能够做到大得小失，失而复得。

佛家云："苦海无边，回头是岸。"在很多时候，放弃是一种解脱，放弃是一种量力而行，明知得不到的东西，何必苦苦相求，明知做不到的事，何必硬撑着去做呢？拿着鸡蛋去碰石头，不是自取灭亡吗！

王倩今年 31 岁，专科毕业后，在一家建筑设计院工作。当初毕业前她来这家设计院实习时，由于勤奋踏实，表现不错，所以尽管设计院当时已经超编，但是院长还是顶着压力聘用了她。由于当时编制所限，只能安排她做资料员，但是院领导多次找她谈话，暗示她这只是暂时的，希望她不要有压力，要多钻研业务，院里缺的是设计精英，根本不缺资料员，只要她能表现出自己的实力，一有机会就马上将她调出资料室。可是王倩却不这么看，她觉得自己之所以受到"冷遇"，所谓的编制问题只不过是一个借口而已，其实是别人觉得她文凭太低，于是她从一开始当资料员那天起，就厌烦这个工作，因为这离她的理想太远，她想做设计工程师，可是她设计的几个工程，无一例外地都被否定了。她很虚荣，总想在设计院出人头地，看走业务这条路不行，她就想在学历上高人一头，于是一心想考研究生，甚至还规划好了研究生读完再读博士。

可是现实与理想之间毕竟是有着很大差距的，由于底子太差，王倩连续考了三年都没有考上研究生，于是院领导就找她谈话，想鼓励她多钻研点业务，拿出过硬的设计方案来，争取将来能转为设计师。实际上，设计院当时已经有了一个专业设计人员名额，院领导对她真可谓是用心良苦了。但是她权衡来权衡去，觉得还是应该先把硕士学位拿下来再搞业务比较好。她觉得，反正自己已经是设计院的人了，搞专业什么时候都可以，就算再来新人也得在她后面吧，否则自己的专科文凭将使自己在设计院永远抬不起头来。

但是她错了，设计院本来就是一个萝卜一个坑，每个人都要能踢能打，长期放着这么个不出彩的人，不但同事怨声载道，领导也开始着急了。就在这时，来了一个实习生，设计出来的方案很有新意，院领导犹豫再三，最后还是把这个实习生要来了。按理说，如果王倩此时及时醒悟还是来得及的，但是这时候，她正专心致志地沉浸在她的那些英文单词里，她甚至和同事说，她学英语好像开窍了。那时她的确非常刻苦，走到哪里，都戴着耳机，还经常把自己锁在资料室里，谁敲门也不开，别人找材料，只能打电话给她。

终于有一天，院长非常客气地找她谈话，委婉地表示：设计院虽然有很多人，但每个人在各自领域中都必须具有自己的贡献值和不可替代性，可是她却一点也没有，没有人能长久容忍一个出工不出力的人，所以她从现在起待岗了。

在这种竞争激烈的环境下，王倩为自己不切实际的"志"付出了巨大代价，她曾是那样地喜欢设计院，喜欢这个职业，别人也给了她这个机会。但不幸的是，她没有把它做好。她的失误就在于她没有及时放弃自己的"理想"，而是固执地"一条道走到黑"。

放弃需要明智，该得时你便得，该失时你要果断地放弃。生活是复杂的，生命不仅仅是一种存在，它还是一个不断变化、发展的过程，生活的艺术就在于要懂得有所为有所不为的道理，知道何时应该紧紧抓住机会，而何时又该放手。

可是生活中的我们总喜欢给自己加上负荷，轻易不肯放下，自诩为"执著"，我们执著于名与利，执著于一份痛苦的爱，执著于幻想的美梦，执著于空想的追求。数年光阴逝去之后，才嗟叹人生的无为与空虚。

这是一种固执的失败人生，不足取，不足留。人生苦短，在有限的生命里，只有踏实的拥有才是真的活过。

不要为一滴水拼掉所有的力气，不要为一朵花，舍弃满园的春色。

5. 只选适合自己的

有个渔夫，背着满满一篮子鱼，正要回家，半路上遇见猎人带着猎狗从野外打猎回来。渔夫看上了猎人的野味，猎人也喜欢上了渔夫的鱼，于是他们商量着把各自一天的收获彼此交换。

交换之后，他们都很满意，并且希望以后天天这么交换。

佛陀劝他们说："要是以后天天交换，很快你们就会没有交易的乐趣，感觉乏味，并且希望保留自己所收获的这些东西了。"

人通常都是如此，总觉得别人的东西比自己的好，可是失去之后才发现自己曾经拥有的才是最适合自己的，也是自己最想要的。可是，失去的已经失去，不会再拥有。

这个世界上没有人是完美的，每个人都会有很多很多的缺陷，成功者之所以能够成功，是因为他们愿意去做一些失败者所不愿做的事情，而失败者之所以失败，是因为他们好高骛远，总是去追求那些自己力所不及的事情。其实我们应该经常问一问自己：我的能力如何？我的目标是否切合实际？我的理想中哪些是通过努力能够达到的？哪些是永远都达不到而应该放弃的？当我们真正能够以这样的思维方式来转换我们的思想，执行我们的行动方案时，我们就会变成一个非常积极、非常有行动力的人。

美国梭罗博物馆曾在互联网上搞了一次测试，题目是：你认为亨利·梭罗的一生很糟糕吗？最后，共有467432人参加了测试，结果是这样的：92.3%的人点击了"否"，5.6%的人点击了"是"，2.1%的人点击了"不清楚"。

这一结果大大出乎主办者的预料。大家都知道，梭罗毕业于哈佛大学，他没有像他的其他同学那样，去经商发财或走向政界成为明星，而是选择了瓦尔登湖。他在那儿搭起小木屋，开荒种地，写作看书，过着原始而简朴的生活。他在世44年，没有女人爱他，没有出版商赏识他，直到他得肺病死去。

就是这样的一个人，世界上竟有那么多人认为他的生活并不糟糕。难道这些点击者的生活还不如当时的梭罗吗？显然不是，因为从点击者显示的国籍来看，他们大多来自西欧及北美。这些地方的穷人，也远比当时的梭罗富裕，那么，是什么使他们羡慕起梭罗呢？

为了搞清原因，梭罗博物馆在网上首先访问了一位商人，商人回答说："我从小就喜欢印象派大师们的绘画，我的愿望就是做一位画家，可是为了挣钱，我却成了画商，现在我天天都有一种走错路的感觉。梭罗不一样，他喜爱大自然，就义无反顾地走向了大自然，他应该是幸福的。"

接着他们又访问了一位作家，作家说："我天生喜欢写作，现在成了作家，我非常满意；梭罗也是这样，所以他的生活不会太糟糕。"

后来他们又访问了其他一些人，比如银行经理、饭店厨师以及牧师、学生和政府职员等，其中一个人是这样留言的："别说梭罗的生活，就是梵·高的生活，也比我现在的生活值得羡慕，因为他们没有违背上帝的意旨，他们都活在自己该活的领域，做自己喜欢做的事，他们是自己真正的主宰。而我却为了过上某种更富裕的生活，在烦躁和不情愿中日复一日地忙碌。"

的确，一种生活，只要适合自己，只要有自己喜欢的内容，就是最好的生活，何必踏破铁鞋去寻找那些离你十万八千里的、遥不可及的生活目标呢？

如果你认为必须拥有很多很多的钱、有很大很大的名气，你才能够快乐的话，你怕是很难快乐起来了，因为暴富的机遇和条件实在难求，而人生中的巨奖如诺贝尔奖、奥斯卡奖我们大都得不到。反而人生中寻常的赏心乐事如一声赞美，一个轻吻，亲友围坐，一席盛宴，明月当空，落日红霞，都是我们可以享受到的。不要因为得不到人生的巨奖而烦恼，要享受人生中可爱的小事。这种小事多得很，人人都可以从中享受到快乐。

一个人无论高低贵贱、贫富美丑，最难能可贵的是知道自己真正需要的是什么，追求的是什么，正确地做出自己的选择，做自己生活的主人，而不为世俗的观念所困惑。生活中，你应该清楚什么东西适合你，你适合做什么。如果你是一只鸡，你就从土里刨食找乐趣，如果你总是羡慕苍鹰在天空翱翔，结果，连自己那点乐趣也没有了。

我们不比任何人高贵，也不比任何人低贱；不比任何人多什么，也不比任何人少什么，我们就是我们，我们每个人都是这个世界上的惟一。别人有别人的生活方式，我们有我们的生活方式，如果强求自己与别人一致，那么我们葬送的就不仅仅是自我了，而是连生存的能力也失去了。

有一只狐狸，遇到一只蜈蚣。狐狸用怀疑的口吻对蜈蚣说："我用四只脚走路都会绊倒；你用一百只脚，怎么可能走路呢？"蜈蚣本来没有想过这个问题，但在听过狐狸的问题后，它失眠了，它的脑袋一直在不停地思索："对，狐狸也许说得对，奇怪，我怎么能够用一百只脚走路呢？如果我只用其中四只脚走路，是不是会走得像狐狸一样快呢？"第二天早上醒来，蜈蚣就不会走路了。

人类更是如此，每一个人都有他适合的生活方式，有人是狐狸，有人是蜈蚣。

倘若是因为欣慕别人的生活方式舍弃了适合自己的那你就是那个选择了四条腿走路的蜈蚣。

最适合的才是最好的。

6. 舍去无益之物

应该说："无益则无用"。应该舍弃，可是现实中我们往往做不到这一点，就像吸烟者知道吸烟有害健康却不愿意戒烟。时间久了则形成依赖性，想戒都戒不掉。所以，只能让有害物质去侵害身体的健康。事实上，我们若想选择一路顺利地走下去，必须舍去无益之物，汲取养料，让自己成为一个有益之人。这是我们这些入世之人最该做到的。

慧远禅师年轻时喜欢四处云游。

20 岁那年在行脚途中，他遇到了一位嗜烟的路人，两个人结伴走了很长的一段山路，然后都坐在树边休息。那位路人给了慧远禅师一袋烟，慧远禅师高兴地接受了路人的馈赠，然后他们就开始了闲聊，由于谈得很投机，那人便送给他一根烟管和一些烟草。

慧远禅师与路人分开之后，心想："这个东西令人十分舒服，肯定会打扰我禅定，时间长了一定会养成恶习，所以还是趁早戒掉的好。"于是就把路人送给他的烟管和烟草全部都扔掉了。

又过了几年，他又迷上了《易经》。那时正值冬季，天寒地冻，他写信给他的师父，想索要一些寒衣。但是信送出去了好长时间，冬天已经过去，山上的雪都已开始融化，师父的衣服还没有收到，甚至没有任何音讯。慧远禅师于是便用《易经》为自己算了一卦，结果卜算出那封信根本没有送到。

他心想："《易经》占卜这么准确，但是如果我沉迷此道的话，怎么可能全心全意地参禅呢？"从此以后他便放弃了对《易经》的研究。

之后，他又迷上了书法和诗歌，每天专研，竟也小有所成，有几位书法家和诗人居然对他的书法、诗赞不绝口。但是他转念又想到："我又偏离了自己的正道，再这样下去，我很有可能成为一名书法家或诗人，而不是一位禅师。"

从此，他不再舞文弄墨、习字赋诗，并且放弃了一切与禅无关的东西，一心参悟，终于成为了一位著名的禅宗大师。

致力于自己所努力的方向和目标，一路上不为外物所惑动、所引诱，惟有控制自己的欲望，方能成就自我的追求。"欲望"可以是推动人们向上的一股力量，也可以是主宰人们堕落的源头。

人生的浮浮沉沉，欲望乃是最大之滥觞；因而，自我控制的层次，亦可视为个人修持成就的指标。一个不能控制六根欲望的人，是不会有所成就的。有些人喜欢涉足不正当的场所，即使知道是非，但也舍不得舍却，最终只能得到因果的报应。

作为国家公务员应该以人民福祉为根本，而作为一名法官更应当维护社会的公正与合理，这是每一个国家工作人员都必须知道的。但是，

第十章
悟得悟失
怀一颗平常心对待得失利害

辽宁省高级人民法院原院长田凤岐却知法犯法。

1997年5月至1998年11月，田凤岐在担任中共沈阳市委副书记期间，利用职务上的便利，为他人在申请银行贷款、成立房地产公司、职务晋升等方面谋取利益，单独或通过亲属收受他人贿赂的财物折合人民币254万余元。

1999年6月至2001年8月，他在担任辽宁省高级人民法院院长期间，利用职务上的便利，为他人在承揽法院办公大楼工程设计、工程装修等方面谋取利益，单独或通过亲属收受他人贿赂的财物折合人民币76万余元。这样，田凤岐收受他人贿赂的财物共计折合人民币330万余元。

田凤岐身为国家工作人员，利用职务上的便利，接受他人请托，为他人谋取利益，非法收受他人巨额财物，其行为构成了严重的受贿罪，被依法判处无期徒刑。

人，就是欲望太多，才会生生世世在六道中轮回。人，更因为不懂舍却，才会遭到轮回的恶报。生活中类似于田凤岐的人还很多，我们应当有所为有所不为，正如佛经里常说的"知非便舍"。

所以，想成就自我，而不是迷失自我的话，一定要观照自我、控制自我、清洗自我、把持自我，不为外物所玷染，活出一种自在、一种清净、一种完满！

悟语

知非便舍，远离一切干扰，才能拥有安详、和谐的心灵。

第十一章
悟清悟浊
糊涂的活着比清醒时更快乐

有的事不明白就不会牵肠挂肚，就会少一分烦恼。佛陀说："一切万法不离自性。"就是说人不可自寻烦恼，人说我痴，我就痴给他看。

1. 难得糊涂

佛陀说："一切众生即非众生。"这个世界上有太多的人和事你永远都管不完看不清。所以，清醒的时候就难免心烦意乱，不得安宁，还是糊涂一点更快乐。

曾国藩从小立志要成为圣人，但才能有限，别人都飞黄腾达了，他还屈居乡里。一天他闷闷不乐地散步到郊外，看见一座破庙，就信步走入。

破庙中，一个老僧正拥炉看书，看得津津有味。

曾国藩忍不住上前，想看清那是一本什么书值得这样看。

但就在他刚瞟到书名的那一瞬间，那老僧竟然把书扔进了炉子里。

曾国藩吃了一惊，呆在那里。老僧哈哈大笑，还向曾国藩解释道："我是疯子，我是疯子。"随后进屋睡觉，再不理人。

这件事给曾国藩留下深刻印象。很多年后他向李鸿章说起，问李鸿章是否明白疯僧的用意。

李鸿章聪明绝顶，但偏偏不说，假装苦思冥想不得其解，谦虚地说："学生实不知，还是老师为我解惑吧。"

曾国藩微微叹息道："疯僧烧书之举，意在点醒我。"

"哦?"

"那时我什么都想弄明白，其实什么都不明白，疯僧此举看似疯狂，其实用意颇深。他在告诉我：很多事情是永远看不清的，但看不清就看不清，并无大碍。你只管做你自己的事就可以了。"

曾国藩这话看似简单，其实从佛学里悟出了很深道理。曾国藩灭太平天国后，为朝廷所忌，又被天津教案搞得名声很臭，开始时他不能搞清楚为什么自己变成这样了，但这时他已看清这一切都很必然，这一切也并不重要。因此他终于彻底放弃功名进取，以善人而善终，可谓有福。

人生本就是一场戏，看清了，也就释然了。郑板桥的那四个字"难得糊涂"包含着人生最清醒的智慧和禅机，只可惜有一部分人悟不透，大部分人做不到，所以，终日郁郁寡欢，忙碌不堪，事事要争个明白，处处要求个清楚，结果才发现因为太清醒了、太清楚了反倒失去了该有的快乐和幸福，留给自己的也就只剩下清醒之后的创痛。难得糊涂，糊涂难得。留一半清醒留一半醉，才能在平静之中体味这人生的酸、甜、苦、辣。古人说："水至清则无鱼，人至察则无徒。"水太清澈了，鱼儿们无法藏身，也无法找到可以维持生存的食物，当然只有另寻可以生存的水域。人活得太清楚，要求太苛刻，也就没有了朋友。因为所有的人都有这样那样的缺点。你紧抓着这些不放，当然没有人敢接近你。做事也是如此，有时你只需睁一只眼，闭一只眼就可以了。把事做绝了，做的太清楚了只能让人害怕你的苛刻，讨厌你的精细和繁琐。所以，当你再次要求别人去做事时，别人当然是能避则避，能推则推，这时的你也许还会觉得别人不够义气，却不知是因为你活得太过清醒，要求得太过严格。

所以，人何必活得那么清醒，自己太累，别人也不舒服。

只有糊涂一点，人才会清醒，才会冷静，才会有大气度，才会有宽容之心，才能平静地看待世间这纷纷乱乱的喧嚣，尔虞我诈的争斗；才能超功利，拔世俗，善待世间的一切，才能居闹市而有一颗宁静之心，待人宽容为上，处世从容自如。

有了"糊涂"这种大智慧，你就会感到"天在内，人在外"，天人合一，心灵自由，获得一种从未有过的解放。

第十一章

悟清悟浊

糊涂的活着比清醒时更快乐

凭着这颗自由的心，你再不会为物所累，为名所诱，为官所动，为色所惑。

有了这种大智慧，你才会幡然顿悟，参透人生，超越生命，不以生为乐，不以死为悲，天地悠悠，顺其自然，人间得以恬静，心灵得以安宁。

悟 语

糊涂才是清醒，才是聪明。

2. 糊涂才是大学问

一位小和尚对于许多事都弄不明白，觉得自己很笨，没有别人活得清醒，便去请教禅师如何能让自己活得清醒一点。

禅师并没有非常明确地说明，却对他讲了一个庄周梦蝶的故事：

战国时期，哲学家庄周一直生活在痛苦当中，没有知己，他必须强迫自己摒除杂念，才能独自地生活下去。

一天黄昏，他实在想放松一下，便去了郊外。那里有一片广阔的草地，绿油油的草散发出芳香。他仰天躺到了上面，尽情地享受着，不知不觉就进入了梦乡。在梦中，他成了一只色彩斑斓的蝴蝶，在花草丛中尽情地飞舞着。上有蓝天白云，下有金色的大地，周围的景色也十分迷人，一切都是那么的快乐与温馨。他完全忘却了自我，整个人都被美妙的梦境所陶醉了。

梦终归有醒时，但他对于梦境与现实无法区分。过了许久，清醒了的他才发出一声感慨："庄周还是庄周，蝴蝶还是蝴蝶。"

人生就是一场梦，醒时梦时没什么大的区别，如果放下所有的一切，梦时反而比醒时幸福。所以，醒时也不妨让自己做做梦。活得轻松一点，糊涂一点。

人生是个万花筒，一个人在复杂莫测的变幻之中要用足够的聪明智慧来权衡利弊，以防失手于人。但是，人有时候不如以静观动，守拙若愚。这种处世的艺术其实比聪明还要胜出一筹。聪明是天赋的智慧，糊涂是后天的聪明，人贵在能集聪明与愚钝于一身，需聪明时便聪明，该糊涂处且糊涂，随机应变。

老子大概是把糊涂处世艺术上升至理论高度的第一人。他自称"俗人昭昭，我独昏昏；俗人察察，我独闷闷"。而作为老子哲学核心范畴的"道"，更是那种"视之不见，听之不闻，搏之不得"的似糊涂又非糊涂、似聪明又非聪明的境界。人依于道而行，将会"大直若屈，大巧若拙，大辩若讷"，中国人向来对"智"与"愚"持辩证的观点，《列子·汤问》里愚公与智叟的故事，就是我们理解智愚的范本。庄子说："知其愚者非大愚也，知其惑者非大惑也。"人只要知道自己愚和惑，就不算是真愚真惑。是愚是惑，各人心里明白就足够了。

孔子说："宁武子，邦有道则知，邦无道则愚。其知可及也。"宁武子即宁俞，是春秋时期卫国的大夫，他辅佐卫文公时天下太平、政治清明。但到了卫文公的儿子卫成公执政后，国家则出现内乱，卫成公出奔陈国。宁俞则留在国内，仍是为国忠心耿耿，表面上却装出一副糊里糊涂的样子，这是明哲保身的处世方法。因为身为国家重臣，不会保身怎能治国？后来周天子出面，请诸侯霸主晋文公率师入卫，诛杀佞臣，重立卫成公，宁俞依然身居大夫之位。这是孔子对"愚"欣赏的典故，他很敬佩宁俞'邦无道则愚"的处世方法，认为一般人可以像宁俞那么聪明，但很难像宁俞那样糊涂。在古代上层社会的政治倾轧中，糊涂是官场权力较量的基本功。仅以三国时期为例，就有两场充满睿智精彩

的表演：一是曹操、刘备煮酒论英雄时，刘佯装糊涂得以脱身；二是曹、司马争权时司马懿佯病巧装糊涂反杀曹爽。后人有语云："惺惺常不足，蒙蒙作公卿。"苏东坡聪明过人，却仕途坎坷，曾赋诗慨叹："人人都说聪明好，我被聪明误一生。但愿生儿愚且蠢，无灾无难到公卿。"

聪明难，糊涂亦难，由聪明转入糊涂更难。放一招，退一步，当下心安，非图后来福报也。做人过于聪明，无非想占点小便宜；遇事装糊涂，只不过吃点小亏。吃亏是福不是祸，往往有意想不到的收获。"饶人不是痴"，歪打正着，"吃小亏占大便宜"。有些人只想处处占便宜，不肯吃一点亏，总是"斤斤计较"，到后来是"机关算尽太聪明，反误了卿卿性命"。

郑板桥以个性"落拓不羁"闻于史，心地却十分善良。他曾给其堂弟写过一封信，信中说："愚兄平生谩骂无礼，然人有一才一技之长，一行一言为美，未尝不啧啧称道。囊中数千金，随手散尽，爱人故也。"以仁者爱人之心处世，必不肯事事与人过于认真，因而"难得糊涂"确实是郑板桥襟怀坦荡无私的真实写照，并非一般人所理解的那种毫无原则稀里糊涂地做人。糊涂难，难在人私心太重，执著于自我，陡觉世界太小，眼前只有名利，不免斤斤计较。《列子》中有齐人攫金的故事，齐人被抓住时官吏问他："市场上这么多人，你怎敢抢金子？"齐人坦言陈辞："拿金子时，看不见人，只看见金子。"可见，人性确有这种弱点，一旦迷恋私利，心中便别无他物，唯利是图，用现代人的话说是：掉进钱眼里去了！

聪明与糊涂是人际关系范畴内必不可少的技巧和艺术。得糊涂时且糊涂。

比聪明人还聪明的处世哲学，是人生的大学问。

聪明难，糊涂更难。

3. 糊涂人最高明

有许多人表面看来聪明绝顶，整天指东道西，叽叽喳喳借以显示自己的聪明才智，实际上并不是聪明人，真正聪明的人不会用这种愚蠢的方法证明自己，而是故意装愚。所以，有些人看起来一点都不聪明，却很可能是最高明的人。

宋代的大文豪苏东坡喜欢禅道。一次，他到金山寺和方外至交佛印禅师打坐参禅。参了一会儿，苏东坡觉得身心通畅，于是问佛印："禅师！你看我坐的样子怎么样？"

佛印："我看你好庄严，像一尊佛！"

苏东坡听了非常高兴。禅师接着问苏东坡："学士！你看我坐的姿势怎么样？"

苏东坡一听，马上嘲弄禅师说："真像一堆牛粪！"

佛印听了也很高兴。苏东坡见将禅师喻为牛粪，禅师竟无以为答，以为赢了佛印禅师，于是跟自己的妹妹苏小妹说："我今天赢了！"

苏小妹就问道："哥哥！你究竟是怎么赢了禅师的？"

苏东坡眉飞色舞地叙述了一遍。苏小妹天资超人，才华出众，她听了苏东坡得意的叙述之后，正色说："哥哥！你输了！禅师心中如佛，所以他看你如佛；而你心中像牛粪，所以你看禅师才像牛粪！"

苏东坡哑然，方知自己又输给了佛印禅师。

在这个故事中我们可以看出，自诩聪明的人不一定聪明，苏东坡尚且如此，何况你我！所以我们还是不要自作聪明。

阿根廷著名的足球运动员迪戈·马拉多纳在与英格兰球队相遇时，踢进的第一球，是"颇有争议"的"问题球"。据说墨西哥一位记者曾拍下"用手拍人"的镜头。

当记者问马拉多纳，那个球是手球还是头球时，马拉多纳机敏地回答说："手球一半是迪戈的，头球有一半是马拉多纳的。"马拉多纳的回答颇具心计，倘若他直言不讳地承认"确系如此"，那么对裁判的有效裁决无疑是"恩将仇报"。但如果不承认，又有失"世界最佳球员"的风度。而这妙不可言的"一半"与"一半"，等于既承认了球是手臂撞人的，颇有"明人不做暗事"的大将气概，又在规则上肯定了裁判的权威，亦具有了君子风度。

这一箭三雕的效果有几人可以做到？而又有谁能否定他的机智？

莎士比亚在其著作《第十二夜》中，让主人公说出了这样一句话："因为他很聪明，才能装出糊涂人来。彻底成为糊涂人，要有足够的智慧。"特殊场景中的假装糊涂其实是一种机智的应变。

在交往中，往往由于对方提出的问题比较敏感，或者涉及某种"隐私"不好回答，然而，面对客人又不能不答，那些高明人就会用假装糊涂来给以回答。如：

一次，乾隆皇帝突然问刘墉一个怪问题："京城共有多少人？"刘墉虽猝不及防却非常冷静，立刻回了一句："只有两人。"乾隆问："此话何意？"刘墉答曰："人再多，其实只有男女两种，岂不是只有两人？"乾隆又问："今天京城里有几人出生？有几人去世？"刘墉回答："只有一人出生，却有十二人去世。"乾隆问："此话怎讲？"刘墉妙答曰："今年出生的人再多，也都是一个属相，岂不是只出世一人？今年去世的人则十二种属相皆有，岂不是死去十二人？"乾隆听了大笑，深以为然。确实，刘墉的回答极妙。因为皇上发问，不回答不行；答吧，心中无数又不能乱侃，这才急中生智，趣对皇上。

这就是高明人的所问非所答。

其实，这样的例子在外交场合常常碰到。如上世纪 60 年代初期，我国曾准确地击落过一架入侵我国的美制 U－2 高空侦察机，在一次引人关注的记者招待会上，曾有一位外国记者就此询问陈毅外长："请问外长先生，你们是用何种武器击落如此先进高空侦察机的？"显然，这是军事秘密，不能公开回答，但如不回答又会使提问者尴尬，陈毅就势举了举自己手中的拐杖，说："就是用这玩艺儿捅下来的。"说着还做了个往上捅的动作。自然，此举赢得了一片热烈的掌声。

生活中还有一种高明便是变音调的运用。如玩笑中有人说："我是你老子。"意思是我是你爸爸。而回答者则说："你是我老'子'呀。"他把"子"字的语音加重了。意思是你是我的小儿子。因为在北方，小儿子、小姑娘有被称为"老姑娘、老儿子"的习惯，就像第一个儿子称为大儿子一样是一种习惯。所以不同语音形成了两种不同的、截然相反的概念。另外，还有一种用打岔的形式的，如：一个说："你好像个猪。"另一个回答："什么，我像你叔？"

其实不管闪烁其辞也好，所答非所问也好，还是打岔串音也好，其目的都一样，就是避重就轻。但这几种方法的共性就一个，那就是假装糊涂。因为只有假装糊涂才能闪烁其辞，只有假装糊涂才能所答非所问，同样也只有假装糊涂才能打岔，才能显现出你智谋的广博处事的高明。

不要小看了糊涂人，不要大看了聪明人。

第十一章　悟清悟浊

糊涂的活着比清醒时更快乐

4. 心清而形浊

某日，一队裸体的婆罗门和一群佛教出家人，结伴而行。半路上，一位年轻僧人目睹婆罗门赤身裸体，不禁在大家面前扑哧笑了起来："不穿衣服，赤身裸体，简直不知羞耻。"

不料，在婆罗门群里，有一人稍懂佛教，听了年轻和尚的讥笑，也不甘示弱，便慢条斯理地对他说："和尚，你穿起袈裟，便是出家的标志，怎可嘲笑和轻视别人呢？外表出家，并不代表一定断绝了烦恼，倘若不能断烦恼，脱离生死的流转，以后还不是跟我们一样赤身裸体？这样，你怎能笑别人不穿衣服呢？现在，你在生死大海上浮沉，等于脱拉树的花，随着风飘东飘西一样；又像被灰土覆盖的火，烦恼的火焰正在你内心燃烧着，将来也不知会投生到哪个恶道里，你应该嘲笑自己，哪有闲情讥笑别人呢？显然，你缺乏惭愧心。看你的样子，不像是已经斩断烦恼，或已证悟的人。倘若是真有惭愧心，便没有邪见，也没有恶觉，只有这样才不敢讥笑别人。"

年轻和尚被婆罗门教训一顿，哑口无言。

可见，讥笑别人的人不见得觉悟聪明，形似痴癫的人不见得愚蠢呆傻，佛法教育人们应不执于外相，而应善修己心。那些真正的聪明人，常常被人看做是愚痴，却不知他们的心比任何一个人都清醒。入世的大智者正是如此。

曹操击败吕布，夺取了徐州，刘备因自己势单力薄，只好隐藏下自己独展宏图的宿愿，暂时依附于曹操。

曹操原本对刘备不放心，消灭吕布后，让车胄镇守徐州，把刘、关、张一同带回许都。既然归顺于他，也就得给些甜头，于是曹操带刘备进见献帝，论起辈分，刘备还是献帝的叔叔，所以后来人家叫他"刘皇叔"。刘备原先就是豫州牧，这次曹操又荐举他当上了左将军。曹操为了拉拢刘备，对他厚礼相待，出门时同车而行，在府中同席而坐。一般人受到如此的礼遇，应该高兴，刘备却恰恰相反。曹操越看重他，他越害怕，怕曹操知道自己胸怀大志而容不下他。更怕"衣带诏"事发。原来，献帝想摆脱曹操的控制，写了一道讨灭曹操的诏书，让董承的女儿董贵人缝在一条衣带中，连一件锦袍一起赐给董承。

　　董承得到这条"衣带诏"，就联合了种辑、吴子兰、王服和刘备结成灭曹的联盟。因为此事关系重大，一点儿风也不能透漏。

　　于是，刘备装起糊涂，在后花园种起菜来，连关羽、张飞都摸不透大哥为什么变得这么窝囊。

　　一天，刘备正在后园浇水种菜，许褚、张辽未经通报就闯进后园，说曹操有请，马上就去。当时关羽、张飞正对刘备那种悠闲自得的行为不满，一块儿出城练习射箭去了。刘备只得孤身一人去见曹操，刘备心中忐忑不安：难道董承之谋露了馅！因为心里有鬼，所以越发紧张。曹操见了他，劈头就是一句："您在家里干的好事呀！"刘备觉得脸上的肉都僵了，两条腿直发抖，吓得一时说不出话来。幸好曹操长叹了一口气后，又冒出一句："种菜也不是一件容易的事呀！"刘备这才知道曹操所说的"好事"不是指谋反，提到嗓子眼的那颗心才暂时放了下来。曹操拉着刘备的手，一直走到后花园。曹操指着园中尚未成熟的青梅果子，对刘备讲起前不久征讨张绣时发生的"望梅止渴"的故事来："征途中酷暑难忍，将士们口干舌燥，我就用马鞭遥指着前方一片树林说，前边有一片梅林，梅果青青，可以止渴了。将士们一听'梅果青青'，不觉人人牙酸流涎，嗓子一时竟不渴。今天，我看到这后园的青梅，不由得想起旧事，特地请您来赏梅饮酒。"刘备此时仍是惊魂未定，虽是

心不在焉，却还是故作认真地听着。

六月的天，孩儿的脸，说变就变。刚才还是大晴的天空，现在却涌起团团乌云，急风吹得梅树刷刷地响，常言"风是雨的头"，曹操忙拉上刘备躲到小亭子里。刘备这才发现，亭中已经备好一盘青青梅果，一壶刚刚煮好的酒，知道是曹操早有准备。二人对面坐下，开怀畅饮，天南地北闲聊起天来。

曹操为什么单单要请刘备来喝酒呢？原来他也是想趁酒后话多的时候，探测刘备的真心，看他是不是也像自己一样，有不甘人下、称王称霸的雄心。当酒喝得正来劲的时候，曹操发话了："玄德，您久历四方，见多识广，请问，谁称得上是当今的英雄？"刘备没有提防曹操突然谈这个主题，一时不知他葫芦里卖的什么药，只好搪塞道："我哪配谈论英雄呢？"可是曹操抓住这个话题不放，又补充一句："即便不认识，也听别人说过吧！"刘备见曹操一定要自己说个究竟，心里已对曹操的用意猜出八九分。于是开始装糊涂了，他略一思索说："淮南的袁术，曾经称帝，可以算作英雄吧！"曹操一笑说："他呀，不过是坟中的枯骨，我这就要消灭他！"刘备又说："河北的袁绍，出身高贵，门生故吏满天下，现在盘踞四个州，谋士多，武将勇，可以算作英雄吧！"曹操又笑了笑说："袁绍外表很厉害，胆子却很小；虽然善于谋划，关键时刻却犹豫不决。这种干大事怕危险、见小利不要命的人，可算不得英雄。"刘备又说："刘表坐镇荆州，被列为'八俊'之首，可以算作英雄吗？"曹操不屑地说："刘表徒有虚名而已，也不能算英雄！"刘备接着说："孙策血气方刚，已经成为江东领袖，是英雄吧！"曹操摇摇头说："孙策是凭借他父亲孙坚的名望，算不得英雄。"刘备又说："那益州的刘璋能算英雄吗？"曹操摆摆手说："刘璋只仗着自己是汉家宗室，不过是个看家狗罢了，怎么配称英雄呢？"刘备见这些割据一方的大军阀都不在曹操眼里，只得说："那么像汉中张鲁、西凉韩遂、马腾这些人呢?"曹操一听刘备说出的尽是一些二流的名字,禁不住拍手大笑说:"这些碌碌的小辈,何足挂齿呀!"刘备只得摇摇头说:"除了这些人,刘备我孤陋寡闻,可实在不知道还有谁配称英雄了。"

曹操停住笑声,盯着刘备说:"英雄,就是要胸怀大志,腹有良谋。所谓大志,志在吞吐天地;所谓良谋,谋能包藏宇宙。"说罢,他仔细观察刘备的反应。刘备佯装不知,故意问道:"请问,谁能当得起这样的英雄呢?"曹操用手指指刘备,又点点自己,神秘地说:"现在天下称得起英雄的,只有你和我呀!"一听这话,刘备不由得心中一震,吓得手一松,筷子掉到了地下。此时,恰巧闪电一亮牵出一串震耳欲聋的霹雳,轰隆隆炸得天都要裂了。刘备弯腰拾起筷子,缓缓地说:"天威真是厉害,这响雷几乎把我吓坏了!"曹操通过对世之英雄的一番议论,观察到刘备闻雷时丢掉筷子的情景,曹操还真以为刘备不但是个目光不够远大之人,而且是让惊雷震掉了筷子的胆小鬼,禁不住哈哈大笑起来。自此,对刘备的戒备也就松弛了许多,最终使刘备寻得脱身到徐州的机会。

刘备正是一味装呆作痴,隐真示假,行韬晦之计,给曹操造成一种假象,使自己的利益在假象中得以保护。

老子说:"鱼不能脱离深渊,这样才能受到保全,国家精良的先进武器不能随便展示给人们。"

人只有在心中清楚而形似糊涂时才能养精蓄锐,一鸣惊人。

心清而形浊,可以养精蓄锐,待时而发。

5. 智识点亮人生

佛说："无明，亦就是无知、不知。一般人都以为自己最有知；所知很少，却以为很多；只知道一部分，却以为全部皆知。所以，每个人应该知道自己是给无明包围着的，应该寻求知，亦就是寻求'明'。"

应该说，人们最大的无知就是对世界和人生真相的无知，佛说"一般人，是给无明包围着的。"其实主要是指绝大多数人都无法看清世界和人生本相，只懂得关于世界和人生的一些皮毛知识，便觉得自己相当渊博了，便觉得可以应付生活了。其实这些人过的都是一种朦胧或糊涂的生活，因为对本相的无知是最大的无知、最大的无明。

要想消除无知，就得学习和修炼，这个世界上最重要的能力就是学习和修炼能力。只要很好地学习和修炼，你就能够获得各种你需要的知识、智慧和能力，取得进步。中国道家创始人老子就是一个像佛陀所说的孜孜不倦"寻求知，寻求明"，升华智慧，并最终洞悉了世界和人生真相的人。

老子堪称中国古代思想先哲第一人。老聃自幼聪慧，静思好学，常缠着家人要听国家兴衰、战争成败、祭祀占卜、观星测象之事。老夫人望子成龙，请了一位精通殷商礼乐的商容老先生教授孩子。商容通天文地理，博古今礼仪，深受老聃一家敬重。而老聃刻苦求学的精神也让商容吃惊和赞赏。

有一天，商容教授道："天地之间人为贵，众人之中王为本。"

老聃问道："天为何物?"先生道："天者，在上之清清者也。"

老聃又问："清清者又是何物?"

先生道："清清者，太空是也。""太空之上，又是何物？"先生道："太空之上，清之清者也。""之上又是何物？""清之清者之上，更为清清之清者也。"

老聃又问："清者穷尽处为何物？"

先生道："先贤未传，古籍未载，愚师不敢妄言。"

夜晚，老聃以其疑惑问其母，母不能答；问其家中其他人，其他人也不能言。于是仰头观日月星辰，低首思天上之天为何物，彻夜不能寐。

又有一天，商先生教授道："君者，代天理世者也；民者，君之所御者也。君不行天意则废，民不顺君牧则罪，此乃治国之道也。"

老聃问道："民生非为君也，不顺君牧则其理可解。君生乃天之意也，君背天意是何道理？"先生道："神遣君代天理世。君生则如将在外也；将在外则君命有所不受。君出世则天意有所不领。"

老聃问道："神有变化之能，造物之功，何以不造听命之君乎？"先生道："先圣未传，古籍未载，愚师不敢妄言。"

夜晚，老聃以其疑惑问其母，母不能答；再问家中其他人，其他人也不能言。于是求教相邑之士，踏遍相邑之土，遇雨不知湿，迎风不觉吹。

商老先生教授三年，来向老夫人辞行道："老夫识浅，聃儿思敏，三年而老夫之学授尽。今来辞行，不是老夫教授无终，也不是聃儿学习不勤奋。实乃老夫之学有尽。聃儿求之无穷，以有尽供无穷，是很困难的。聃儿是一个志远图宏的孩子，咱们相邑这个地方偏僻闭塞，若想使孩子更上层楼，需让他进入周都深造。周都，典籍如海，贤士如云，是天下的圣地，非入其内而难以成大器。"

老夫人闻听此言，心中犯难：一乃聃儿年方十三，宋都尚且难返，去周都岂不如登九天？二乃老氏只留此根，怎放心他孤身独行？

正犹豫不知怎么回答，不料先生已猜知其为难处，忙说："以实相告，老夫师兄为周太学博士，学识渊博，心胸旷达，爱才敬贤，以树人为生，以助贤为乐，以荐贤为任。家养神童数位，皆由民间选来。不要衣食供给，待之如亲生子女。博士闻老夫言，知聃儿好学善思，聪慧超常，久愿一见。近日有家仆数人路经此地，特致书老夫，意欲带聃儿去周。此乃千载难逢之良机，务望珍惜！"

老夫人听后，不禁悲喜交集。喜先生保荐，使聃儿有缘入周，登龙门有路；悲母子分别，何日能见？思至此，好似聃儿已在千里之外，不觉心酸难抑，潸然泪下。老聃扑入母亲怀中，泣言道："母亲勿须伤心，聃儿决不负老师厚望，待我业成功就，定然早日来接母亲！"说罢，母子二人相抱而泣。

哭之良久，母子二人转悲为喜，拜谢先生举荐之恩。三天后，全家与商老先生送老聃至五里之外。老聃一一跪拜，上马随博士家仆西行而去。老夫人遥望聃儿身影远去，方才郁郁入车，闷闷返回。

老聃入周，拜见博士，入太学，天文、地理、人伦，无所不学，《诗》《书》《易》《历》《礼》《乐》无所不览，文物、典章、史书无所不习，三年而大有长进。博士又荐其入守藏室为吏。守藏室是周朝典籍收藏之所，集天下之文，收天下之书，汗牛充栋，无所不有。老聃处其中，如蛟龙游入大海，海阔凭龙跃；如雄鹰展翅蓝天，天高任鸟飞。老聃如饥似渴，博览泛观，渐臻佳境，通礼乐之源，明道德之旨，三年后又迁任守藏室史，名闻遐迩，声播海内。

老聃居周日久，学问日深，声名日响。春秋时称学识渊博者为"子"，表示尊敬，因此，人们皆称老聃为"老子"。后来老子西行时著《道德经》，成为千古名著。

老子不愧是中国历史上真正看清世界和人生本相的第一人，而他的智慧之所以能达到如此高深的地步，全在于他那种苦学苦修的精神。我们来看这个"智"字，"日"有所"知"为"智"。智能是人生的导航，汲取知识是智能的开始，有了这种智能方能看清世事。

佛教认为：知识是一种世智辩聪，是向外求得的；智能是向仙发掘，是人人本具的佛性。在为学处事上，知识学问并不能解决问题，惟有心量开阔才能开发智能，惟有智能才能判断正邪、转迷为悟，才能真正洞悉世界和人生的真相，使人成为一个有"明"者。

智慧和知识可以让你看清眼睛看不到的事物。

6. 于细处看清世人

你要看清世人就必须以敏锐的观察力与良好的判断力穿透对方表面的慎重与矜持。要测度他人，需要有极强的判断能力。这是人生中至关微妙的事情。辨别金属可听其音，辨别人可听其言。言辞能透露人的品格，行为能透露人的东西则更多。在这方面欲有所获，需要极其小心谨慎、深刻的观察和鉴别能力。

古代，聪明的禅师有很多弟子，有一天，禅院的东西被偷了，所有的弟子都否认是自己偷的。为了弄清事实真相，禅师将弟子们召集到一起，发给每人一根同样长的木棍，说："你们把自己的木棍保管好，明天早上拿给我，偷东西的人的木棍会比别人的长出一寸来。"

偷东西的弟子怕被发现，夜里悄悄地把自己的木棍锯掉了一截。

第二天，大家把木棍都拿了出来，偷东西的弟子一看，只有自己的木棍比别人的短一截。他羞愧地哭了。

禅师利用一个小特征就可以判断出真正的贼。这是禅师的聪明之处。俗界的众生同样可以以此为鉴，来看清世人的内心世界。

魏文侯手下有员将领叫乐羊。有一次乐羊领兵去攻打中山国。这时，恰恰乐羊的儿子正在中山国。中山国国王就把他儿子给煮了，还派人给乐羊送来一盆人肉汤。乐羊悲愤已极但并不气馁，毫不动摇，他竟然坐在帐幕下喝干了一杯用儿子的肉煮成的汤。

魏文侯知道后，对堵师赞夸奖说："乐羊为了我，吃下他亲生儿子的肉，可见，他对我是何等的忠诚啊！"堵师赞回答说："一个人连儿子的肉都敢吃，那么，这世上还有谁他不敢吃呢？"

乐羊打败了中山国，凯旋归来时，魏文侯奖赏了他的功劳。但是，从这开始，总是时时怀疑他对自己的忠心。

魏文侯这样做不无道理，乐羊的自制力过于吓人，非老谋深算之人不能为之。堵师赞的说法更有道理，因为一个人的行为可以以小见大，有着惊人的内在一致性。

依据此"行为内在一致性"原理，领导者可以以下面办法鉴定某些言行的真正内涵：

（1）你可以发现，论断他人的人，往往有狡诈的心机，当邪恶压迫着一个人，对他来说，处理他人的过错，是较轻而易举的。就因为这样，那些说你活该的人，他的咒骂，等于是允许邪恶在他自身的存在。当一个阿拉伯妓女改过自新了一夜，她要求警察逮捕所有的妓女。这种女人的心越是狠毒，她就越易于对准她的同伴。

（2）语言是人类沟通的工具，从一个人的言谈，就足以知悉他的心意与情绪，但是，若对方口是心非，就令人猜疑了。这种人往往将意识里的冲动与欲望以及所处环境的刺激，修饰伪装后，以反语表达出来，令人摸不清实情。

例如，偶遇个性不投的朋友，往往投出社交辞令客套邀约："哎呀，哪天到舍下坐坐嘛!"其实心里的本意可能是:"糟糕,又遇上了;赶紧开溜为妙!"这种与本意相反的行为,往往造成内心的不安与恐惧,为求自我安慰,于是一而再,再而三,因循成习。

(3)爱发牢骚是一种不能言传的骄傲和自大,不满意他人在某方面超越自己。如"拿手术刀的不如拿剃头刀的,搞导弹的不如卖茶叶蛋的"。这是典型的知识分子牢骚。发牢骚者大多自视清高,当现实中无法保持他们这种优越地位时,就借发牢骚来宣泄。

(4)恶意责备的人多半是想满足自己的支配欲望和自尊心。他们常爱抓住别人的毛病小题大作,横加指责,这种人对他人尖酸刻薄,自尊心较强,具有支配他人的欲望。

(5)说话好诉诸传统的人大多思想保守。这种人不管什么新事物一出现,都好用传统的东西作为评价标准。这类人多数是经验主义者,其思想保守、僵化,也表明了其顽固不化的心理。

(6)说话好看风使舵的人大多无原则性。在生活中,许多人说话时是以听话对象为转移的。他们自己没有一定的主见,完全是"看人下菜"。契诃夫称这种人为"变色龙",他通过同名小说的主人公奥楚蔑洛夫活画出了这种人看风使舵的嘴脸。这种人真理没个准儿,如果有必要,他们可以朝令夕改,食言而肥。

(7)说话暧昧的人大多数喜欢迎合他人。这种人说同一句话既可作这样解释,又可作那样解释,含糊其辞,这种人处世较为圆滑。

(8)经常对他人评头品足,论长道短,说明他嫉妒心重,心胸狭窄,人缘不好,心中孤独。如果他对诸如别人不跟他打招呼之类的小问题耿耿于怀,说明他在自尊心上受挫,渴望得到别人的尊重。有些人常以领导的过失或无能为话题,则表明他自己有想出人头地,取而代之的愿望。

(9)有人在说话时极力避开某个话题,这说明他在这方面有隐衷,

第十一章 悟清悟浊 糊涂的活着比清醒时更快乐

或者在这方面有强烈的欲望。比如当一个人的心中对金钱、权力或某异性怀强烈的欲望时，很怕被别人识破，于是就故意避开这个话题以掩饰自己的真实用意。

（10）与你话家常多半是对方看不出你的真意。交谈时，对方先是与你谈一些家常话，这表示他想了解你的实力，侦知你的本意，试探你的态度，然后好转入正题。这种人是很有心机的谈话对手，值得好好对付。

知人者智，自知者明。要做一个智者，清楚地看清他人，就该学会见微知著。这样才不至于成为一个真正的傻瓜。

真正可以暴露一个人内心世界的是一些微小的动作或短小的言辞。

第十二章
悟礼悟道
礼遇他人于己无害

佛陀说："入于人群中,自未知他人,他人未自知,不应心自恃。"那些在人性上冷漠傲慢的人,很容易遭到突然的失败,而那些有礼有节、有爱心的人则可以得到人们加倍的尊敬和爱戴,并可因此获得持续不断的成功。

1. 待人莫失谦恭

谦恭不是一种表面姿态，而是一个人内在品德和修养的高度表现。它不因学问博雅而骄傲自大，也不因地位显赫而处优独尊，相反，谦恭者学问越深越能虚心谨慎，地位越高越能以礼待人。谦恭不是卑下，也不是软弱，更不是无能。谦恭是一种情韵，是一种境界，是一种气质。谦恭也是一种修养，那种脸上没文化、肚里无墨水的鲁夫莽汉是不会谦恭的。与谦恭者在一起，像领略风光旖旎的大自然，让你流连忘返；像喝陈年老酒，让你回味无穷；像诵读一首气韵十足的诗歌，让你掩卷长思。

而傲慢就不同了，傲慢表面上来自优越感，根源其实是愚蠢和基于愚蠢之上的偏见。事实上任何优越感都同样的愚蠢：富人对穷人有优越感，所谓读书人对学历文凭低于自己的人有优越感，居住在城市里的人对居住在乡下的人有优越感，混在国外的对没能混出来的人有优越感。大家司空见惯习以为常，但是所有这些优越感都是愚蠢，都是落后社会的产物。缺乏社会流动的社会容易产生人对人、人群对人群的优越感，但是一个崇尚平等、自由，提供充分的竞争和流动机会的社会则让所有的优越感都成为狭隘者的聊以自慰。既然优越感是一种愚蠢，傲慢自然就是一种愚蠢，并且它还是一种对人群的仇视和敌意，是反社会的品行。

曾经有一位学识渊博的老禅师正和俗家弟子们聚在一起聊天。一位其父相当富有的弟子，趾高气扬地面向所有的同学炫耀：他家在郢都郊外的一个村镇旁拥有一望无边的肥沃土地。

当他口若悬河大肆吹嘘自己的富有时，一直在其身旁不动声色的老禅师拿出了一张包括诸多国家在内的一张大地图，然后说："麻烦你指给我看看，我国在哪里？"

"这一大片全是。"学生指着地图洋洋得意地回答。

"很好！那么，郢都在哪里？"老禅师又问。

学生挪着手指在地图上将郢都找出来，但和整个国家相比，的确是太小了。

"那个村镇在哪儿？"老禅师又问。

"那个村镇，这就更小了，好像是在这儿。"学生指着地图上的一个小点说。

最后，老禅师看着他说："现在，请你再指给我看看，你家那块一望无边的肥沃土地在哪里？"

学生急得满头大汗，当然还是找不到。他家那块一望无边的肥沃土地在地图上连个影子也没有。他很尴尬且又深有感悟地回答道："对不起，我找不到！"

任何人所拥有的一切，与有大美而不言的天地相比，与浩瀚无际的宇宙相比，都不过沧海一粟，实在是微不足道。从历史的长河来看，不管我们拥有什么、拥有多少、拥有多久，都只不过是拥有极其渺小的瞬间。人誉我谦，又增一美；自夸自败，又增一毁。无论何时何地，我们永远都应保持一颗谦恭有礼的心。

曾经有一个老先知，他让自己的弟子到各地去修行，其中有一个弟子，在经过一番苦修后，练成了"在水面上行走"的绝技。

他好不得意，在其他弟子面前讲得眉飞色舞，并兴奋地问老先知："老师，我够厉害吧！大家是不是该向我多多学习呢？"

老先知一语不发，带着大家到河边叫了只船，领着众人一起坐着船渡到对岸。大家都不知道老先知要做什么，等到了对岸后，老先知问船

第十二章

悟礼悟道
礼遇他人于己无害

家："要多少钱呢？"船家说："两块钱。"

这时，老先知微笑地对着那位心高气傲、不可一世的弟子说："年轻人，你引以为傲的新本事也不过值两块钱而已嘛。"

那位弟子听了之后满脸羞红，从此以后更努力地培养自己的品德，几年之后，成为了一位既谦虚又有能力的人。

谦恭，是许多有能力者所缺乏的美德，我们每个人可能都会拥有不同的才能，你拥有这些，不代表你比别人高明，也绝不要看不起不会的人，因为你会这方面的东西，别人也必有你所不会的。比如在水面上行走本事不小吧，然而用故事里老先知的话来说，也不过值两块钱嘛！想一想，如果连"在水面上行走"都只值两块钱，我们平常所具有的那点才华又值多少钱呢？我们还有什么好骄傲的呢？所以，无论我们拥有怎样的才干，都不要心高气傲，不要觉得自己高人一等，不要觉得别人都该效法自己，否则，我们就成了"骄傲"的俘虏了！

我们通常所说的谦虚是：自知之明和谦恭。自知之明是智者的标志之一，太多的人由于没有自知之明而被人贻笑大方，但是自知之明直接的受益者是自己。所以，在这里我们更看重的是谦恭。谦恭跟傲慢一样是在人际互动中表现出来的，但是方向正好相反，谦恭是一种优良的品格。

谦恭首先因为具有自知之明，知道自己目前的地位和条件如果有优于别人之处，都是暂时的和相对的，如果不保持努力我们会朝向下的方向滑行，甚至前功尽弃；如果别人努力，很快能在这些方面超过自己。所以，任何人其实都是无以为荣的，因此我们没有理由对别人有任何的优越感。谦恭来自豁达，我们对别人谦恭的时候，可能助长了对方的骄傲甚至傲慢，所以如果没有豁达的理解，立即会互相刺激骄傲，所以豁达是保证对方毫无来由地骄傲起来的时候，依然保持你的谦恭的前提。谦恭来自同情，更确切地说是人文主义精神或者人道关怀倾向，在很多时候，如果对互动对象不是谦恭而是骄傲，就立即会把对方逼入一种丧失信心甚至手足无措的窘迫境地。在机构或组织里如果一个上司没有应有的谦恭，下级时时刻刻会如坐针毡，日常交往有很多情形其实很类似，尤其是相知不深的人。谦恭来自尊重，我们对人谦恭其实表达一种承认，这是容易理解的，如果你不承认对方的平等地位，你会表现出傲慢和藐视。

如果你真的有力量，最好永远保持谦恭。面对一个目标，谦恭的人会承认自己还需要准备很多条件才能获得，于是他努力地去准备，结果他获得了那个目标。骄傲的人正好相反，不愿意承认自己没有能力获得，而把不屑于获得目标作为自欺欺人的借口，自然他们不会去努力准备条件，最终他们不可能获得目标。

谦恭者用言行证明自己的有礼，自恃者用言行证明自己的无用。

2. 以暖语对人

俗话说："良言一语三春暖，恶语一句六月寒。"一个人用什么样的态度、什么样的语言对人，是一个人有无修养与礼貌的标志。佛陀告诫众生说："美好的话，是老实话，和好尊敬的话，谦恭和悦的话，对各方有利益的话，对时间地方适合的话，对所说的事情亦合宜的话，使用的语句和声调亦都适合的话。这些话，自然一定会做出许多利益来的。"

按照佛陀的教诲我们在生活中若能以暖语对人，一方面可以显示出我们为人处世的修养与智慧，另一方面则可以让事情顺利完结。可见，

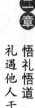

有礼有节的语言智慧胜似千军万马之力。

一则寓言说：

太阳和北风比赛，看谁能让一个过路人脱掉衣服。北风刮起刺骨的寒风，企图刮掉人们身上的衣服，但人们却将衣服裹得越来越紧。太阳用柔和的阳光温暖人，天气渐渐暖和了。人们也就把衣服脱了。

说话的语气、态度以及措辞直接关系到你说话的效果，如果你在说话时态度和婉，语气平静，措辞恰当，就可以顺利收到让路人脱掉衣服的目的。反之，则只能让路人越来越裹紧衣服。

历史上很成功的一个说话的例子便是触龙说赵太后。

公元前266年，赵国的国君惠文王去世，他的儿子孝成王继承了王位。因当时孝成王还小，所以由太后执政。赵国正处于新旧交替之际，赵太后刚刚执政，国内动荡不安。当时的赵国，虽然有廉颇、蔺相如、平原君等人在支撑门面，但国势已大不如前。秦国认为有机可乘，便发兵东下，一举攻占了赵国的三座城池，赵国危在旦夕。显然靠自身的力量赵国绝不是秦国的对手，所以，太后不得不请求与赵国关系较密切的齐国增援。齐王虽然答应出兵，但按当时的惯例提出了一个条件，即赵国必须派太后的幼子长安君到齐国去做人质。太后由于溺爱幼子，一时糊涂，甚至蛮不讲理，对于大臣的强谏，她恼怒已极，公开下令警告群臣："有复言令长安君为质者，老妇必唾其面！"在这样情况下，触龙去见她会有什么结果呢？现在让我们展开这个故事的完整情节吧。

左师触龙去见太后。太后气冲冲地等着他。触龙做出快步走的姿势，慢慢地挪动着脚步，到了太后面前谢罪说："老臣脚有毛病，不能快跑，很久没来看您了。我私下原谅自己呢。又总担心太后的贵体有什么不舒适，所以想来看望您。"太后说："我全靠坐辇走动。"触龙问："您每天的饮食该不会减少吧？"太后说："吃点稀粥罢了。"触龙说："我近来很不想吃东西，自己勉强走走，每天走上三四里，就慢慢地稍微增加点食欲，身上也比较舒适了。"太后说："我做不到。"但怒色稍微消解了些。

左师说："我的儿子舒祺，年龄最小，不成材；而我又老了，私下疼爱他，希望能让他递补上黑衣卫士的空额，来保卫王宫。我冒着死罪禀告太后。"太后说："可以。年龄多大了？"触龙说："十五岁了。虽然还小，希望趁我还没入土就托付给您。"太后说："你们男人也疼爱小儿子吗？"触龙说："比妇女还厉害。"太后笑着说："妇女更厉害。"触龙回答说："我私下认为，您疼爱燕后就超过了疼爱长安君。"太后说："您错了！不像疼爱长安君那样厉害。"

触龙说："父母疼爱子女，就得为他们考虑长远些。您送燕后出嫁的时候，摸住她的脚后跟为她哭泣，这是惦念并伤心她嫁到远方，也够可怜的了。她出嫁以后，您也并不是不想念她，可您祭祀时，一定为她祝告说：'千万不要被赶回来啊。'难道这不是为她做长远打算，希望她生育子孙，一代一代地做国君吗？"太后说："是这样。"触龙说："从这一辈往上推到三代以前甚至到赵国建立的时候，赵王被封侯的子孙的后继人还有在的吗？"赵太后说："没有。"触龙说："不光是赵国，其他诸侯国君的被封侯的子孙的后继人还有在的吗？"赵太后说："我没听说过。"触龙说："他们当中祸患来得早的就会降临到自己头上，祸患来得晚的就降临到子孙头上。难道国君的子孙就一定不好吗？这是因为他们地位高而没有功勋，俸禄丰厚而没有劳绩，占有的珍宝太多了啊！现在您把长安君的地位提得很高，又封给他肥沃的土地，给他很多珍宝，而不趁现在这个时机让他为国立功，一旦您百年之后，长安君凭什么在赵国站住脚呢？我觉得您为长安君打算得太短了，因此我认为您疼爱他比不上疼爱燕后。"太后说："好吧，任凭您指派他吧。"于是就替长安君准备了一百辆车子，送他到齐国去做人质，齐国的救兵才出动。

现在我们来看，触龙劝说之所以能大获成功，主要在于他巧妙地使

第十二章

悟礼悟道
礼遇他人于己无害

197

用了"良言战术"——首先他使自己的谈话出乎太后意料之外；其次，要用闲话拖长交谈的时间，来缓解太后的"盛气"；更重要的是，利用自己年龄大、资格老、关系深等种种有利因素，从本身的体衰多病说起，以同病相怜的切身体会来打动太后。既说他"愿见"太后，则太后必以为是来劝说自己放走小儿子远离国土、入质齐国的，所以先做了精神准备，以"盛气"凌人的态度等着对方来用唇舌交锋。而触龙却有意识地显出老态，见面以后，先不说话就自我道歉，说明自己不良于行，所以少来谒见；但对太后的健康又表示关切，仿佛再不来谒见太后就实在放心不下了。这一席话全出乎太后意料之外，太后早就准备好的全副精神武装根本没有用上。这实际上触龙已取得了几分胜利，他不是"先声夺人"，而是用情感把太后给软化了。两人的对话很自然，触龙是用同情、慰藉和关心的"将心比心"的感情来解除太后的精神武装，转变她无可理喻的错误态度的。

试想，假如触龙在一开始时态度有失谦恭，语言有失礼貌，那么，结果估计不仅不能顺利说服太后，更糟糕的可能是遭致杀身之祸。所以，说话的方式是一个人是否有礼貌、有修养、有智慧的标志。我们在日常的生活中一定要注意这个问题。

悟语

以礼貌、温暖的语言为人处世可以取得事半功倍的效果。

3. 放下你的优越感

如果一个人总是把他的优越感摆在别人面前，那是一种无礼、无智，以势压人的愚蠢行为。而且最终只会遭到他人的攻击和唾弃。

从前，有一位女施主，家境非常富裕，不论是财富、地位、能力、权力，还是美丽的外表，都没有人能够比得上她；但她整天总是郁郁寡欢的样子，连个可以谈心的朋友都没有。由于优越感的驱使，使人们都不喜欢跟这位女施主交往，因为她会在有意无意中伤害别人，久而久之连最亲密的朋友都疏远她了；譬如，好友兴冲冲地打电话告诉她，用了折价券到批发店买到许多便宜的保养品，而她总是说："噢！你还到这种地方买东西呀，我只敢在有品牌的专柜买，那里的价格也不是很贵哦。"这样的话除了让人产生距离感还会有厌恶感。于是她就去请教无德禅师，如何才能使自己具有魅力，以赢得别人的喜欢。

无德禅师告诉她道："如果你能随时随地和各种人合作，并具有和佛一样的慈悲胸怀，讲些禅话，听些禅音，做些禅事，用些禅心，那你就一定会成为有魅力的人。"

这位女施主听完后非常的开心，虔诚地问道："那禅话怎么讲呢？"

无德禅师道："禅话，就是说欢喜的话，说真实的话，说谦虚的话，说利人的话，而不是说处处显示自己优越的话。"

女施主接着又问道："那禅音又要怎么听呢？"

无德禅师答道："禅音就是化一切音声为微妙的音声，把辱骂的音声转为慈悲的音声，把毁谤的音声转为帮助的音声，把不屑的音声变为尊重的音声，把娇纵的音声变为体贴的音声；同时哭声、闹声、粗声、丑声，你都能不介意，那就是禅音了。"

女施主再问道："禅事怎么做呢？"

无德禅师回答说："禅事就是布施的事，慈善的事，服务的事，合乎佛法的事。"

女施主更进一步问道："禅心是什么呢？"

无德禅师道："禅心就是你我一如的心，圣凡一致的心，包容一切的心，普利一切的心。说到底要有一颗善良慈悲的心。"

第十二章

悟礼悟道

礼遇他人于己无害

女施主听后，一改从前的骄气，在人前不再夸耀自己的财富了，也不再自恃自我的美丽，没有了以前那种不可一世的优越感了，对人总是谦恭有礼，对朋友尤能体恤关怀，大家变得都很喜欢她了，不久就被评为"最具魅力的施主"！

　　现代社会，似乎很多人都有一种莫名其妙、不知所以的优越感，当地人看不起外地人，大城市的人看不起小城市的人，城市人看不起农村人，富人看不起穷人，白领看不起蓝领。

　　这种优越简直有点浅薄，可笑。其实，每个生命都是值得尊重的存在，都有令人感动的地方，这种莫名其妙的优越感只能彰显自己的幼稚与肤浅。一个懂得人生的人，绝不会轻易去否定或忽略一个人，因为任何一个生命都有别人不可超越的价值和特质。而拥有这种心理的人也一定是一个品德高尚的人。还是讲一个真实的故事来证明这一切吧！

　　有一年冬天，在一个寒风凛冽的夜晚，有一位老人正在河口等待渡河。

　　一个接一个的骑士从他身边经过，但是他都没有开口求助。当最后一个骑士过来时，老人终于开口了，说："先生，您能不能载我到对岸去？"这位骑士愉快地答应了，他不仅把老人载过了河，还送他到几英里外的目的地。

　　快到时，这位骑士好奇地问："先生，我注意到您眼睁睁地看着前面几个骑士经过，而直到我来时你才来求助，这是为什么呢？"

　　老人不慌不忙地回答："我很会看人的，我看其他骑士的眼光，马上就了解到他们根本就不关心我的状况，他们都有着一种贵族的优越感，而对于卑微的我他们甚至有一种不屑和嫌弃。但是当我看您的眼光时，很明显地找到了仁慈和怜悯。"

　　这位骑士不是别人，正是美国历史上的第三位总统——托马斯·杰克逊。

托马斯·杰克逊出身贵族，接受过最好的学校教育，又极富卓越的思想和才能，为美国社会作出了杰出的贡献，但他却没有丝毫的优越感，而总是以仁慈的心对待每一个卑微的人，他是一个懂得生命的人，所以才被尊为"人民的人"。

不可否认，人们的出身、教育、能力、外貌总是存在差别的。但并不是说你的这些优越性可以拿来当做伤害别人的工具，杰克逊的修养、仁慈，造就了他崇高的地位并得到了整个国人的礼遇。我们都是平凡人，虽然无法得到杰克逊所拥有的，却至少可以让自己毫无优越感的待人接物的良好修养为自己赢得良好的生存氛围。

我们只是一个平凡不过的普通人，在任何人面前都不要让自己优越于人。

4. 先礼后行

唐开元年间有位梦窗禅师，他德高望重，既是有名的禅师，也是当朝国师。

有一次他搭船渡河，渡船刚要离岸，这时远处来了一位骑马佩刀的大将军，大声喊道："等一等，等一等，载我过去!"他一边说一边把马拴在岸边，拿了鞭子朝水边走来。

船上的人纷纷说道："船已开行，不能回头了，干脆让他等下一回吧。"船夫也大声回答他："请等下一回吧!"将军非常失望，急得在水边团团转。

这时坐在船头的梦窗国师对船夫说道："船家，这船离岸还没有多远，你就行个方便，掉过船头载他过河吧！"船夫看到是一位气度不凡的出家师父开口求情，只好把船开了回去，让那位将军上了船。

将军上船以后就四处寻找座位，无奈座位已满，这时他看到了坐在船头的梦窗国师，于是拿起鞭子就打，嘴里还粗野地骂道："老和尚！走开点，快把座位让给我！难道你没看见本大爷上船？"没想到这一鞭子下来正好打在梦窗国师头上，鲜血顺着脸颊汩汩地流了下来，国师一言不发地把座位让给了那位蛮横的将军。

这一切大家都看在眼里，心里是既害怕将军的蛮横，又为国师的遭遇感到不平，纷纷窃窃私语：将军真是忘恩负义，禅师请求船夫回去载他，他还抢禅师的位子并且打了他。将军从大家的议论中，似乎明白了什么。他心里非常惭愧，不免心生悔意，但身为将军却拉不下脸面，不好意思认错。

不一会儿船到了对岸，大家都下了船。梦窗国师默默地走到水边，慢慢地洗掉了脸上的血污。

那位将军再也忍受不了良心的谴责，上前跪在国师面前忏悔道："禅师，我……真对不起！"梦窗国师心平气和地对他说："不要紧，出门在外难免心情不好。"

一念之差分凡圣，人格高低在己为。禅师的大度与将军的无礼，哪一个更让人心生敬意？答案不言而喻。做人做事，礼貌有加，可以使你的形象更加美好，在你行走于人世时很容易得到别人的帮助，顺利渡过每一道难关。这是做人的需要，也是做事的需要。

礼是从社会需要中产生并在社会发展中逐步完善的。原始社会没有那么多礼，两个部落为了争夺食物，随时可能开仗，甚至将敌人作为食物——今天身体还很健康，明天就被人煮在饭锅里，这样肯定不行！制定了礼法，大家就比较有安全感了。历史发展到孔子时代，礼法已经较为完善。这时对礼法的认识又出现了分歧，有人强调法的限制作用，有人强调礼的教化作用。孔子无疑属于后者，他偏重于人伦道德的礼，大家各安本分，各讲修养，社会自然和谐，不是很好吗？一旦需要讲法律，肯定有人失礼了，这并不是最好的结果。

孔子所谓的礼，主要包括三项内容。一是个人修养，二是人伦常礼，三是社会法制。

其中个人修养，包括外貌和言谈举止等各个方面。孔子说："衣冠整齐，目光严肃，使人一望而感到敬畏，不是能达到威严却不凶猛的效果吗？"他认为，衣服容貌，可以悦目；声音语言，可以悦耳；举止习惯，可以悦心。君子衣着得体，容貌合宜，人们看在眼里就喜欢。言语谦逊，应对得当，人们听到耳里就高兴。结交好人，远离坏人，人们就对他心悦诚服。把这三件事记在心上，勤加训练，并运用到自己的一言一行中，即使不在朝廷做官，也能在群体中受到尊敬。

孔子所谓的个人修养，还不光是浅层的礼貌、礼仪，他更强调的是深层次的修为，这要以诚、信、敬三字作根基，以达成良好结果为目标。他说：君子，就是做事无所不适宜的人。当他穿上官服、戴上官帽，威严肃穆地站在朝堂上时，文武百官没有不敬重他的；当他穿着丧服，执着丧杖，站在灵堂上时，前来吊唁的宾客，没有不悲伤的；当他身披铠甲，头戴缨盔，手握鼓槌站在战鼓面前时，士兵们没有不勇敢的。他的仁德足以安抚百姓，他的勇气足以安定国家，他的信义足以交结诸侯，他的坚定足以拯救患难，他的威武足以统率三军。

所以说，个人修养达到把当办之事办好，这才是真正懂礼。

在现代社会里，我们虽然不再以太多繁琐的礼节来约束人，但最起码的个人修养必须具备。这是社会的需要，也是我们自己的需要，否则我们将寸步难行。

良好的礼仪修养是行走于社会的通行证。

5. 道乃平常心

赵州从谂禅师曾问乃师南泉："什么是道?"

南泉回答："平常心是道。"

任何学问,无论是佛道、儒道,还是政道、商道,修到最高境界,都只是一颗平常心。

什么是平常心? 看淡成败得失,看淡尊卑荣辱。如何看淡呢? 其核心点是:以平等之心待人。

世界上的一切问题,都是以不平等之心待人来的。你觉得自己高人一等,你就想超越别人,你就想做人上人,你就必然将成败得失看得很重,你就必然将别人踩在下面,并自然产生尊卑荣辱的观念。一切喜乐烦恼痛苦也因此而生。

如果以平等之心待人,情况就不一样了。因为心里并没有比别人高明的想法,那么成败得失都属正常,赢了不会洋洋得意,输了也没有什么不服气的;心里也没有人上人、人下人的想法,那么无论处于何种地位都无关紧要,处于上位不会沾沾自喜,处于下位也不会觉得没面子。

有人会问:这世上本来存在地位的差别,哪能以平等之心待人呢? 主席就是比副主席高,冠军就是比亚军高,总经理就是比副总经理高,何来平等? 其实,有无平等之心,跟地位高低并无冲突。主席和副主席都是一种职称,冠军和亚军都是一个荣誉,总经理和副总经理都是一项工作，因为你我平等，谁竞争到某个职称、某个荣誉、某项工作都属正常，难道我非得赢了你才算正常吗？

美国总统是全国职务最高的人，可是总统当了几年后，又去做了教授，做了农场主。难道说这个总统退步了，越混越没出息吗？至少他本人不会这么认为。他会想：我还是我，只是在做一份不同的工作而已！这就是平常心。已经将道修到很高的境界了。

相比之下，有的人的境界就差多了，能上不能下，这就太没平常心了，其根源还是没有平等之心，想做人上人的欲望过于强烈。为什么某些人这么"变态"呢？因为官场理论——儒经对人的影响实在太大了，它将"上尊

下卑"规定得那么清楚，将工作贵贱分得那么清楚——"万般皆下品，唯有读书高"。凡是学了儒经又未能领会其精神的人，心态就失常了。

由此看来，还是释迦牟尼的境界高。释迦牟尼在佛学上有了那么高的成就，全国知名弟子有一千二百五十人随他一起修道，他却没有高高在上的姿态，还要自己去化缘，还要自己洗脚、铺座位。因为他认为"众生平等"，自己并不比任何人、任何东西高明，有了平常心，做常人看来很"低贱"的事，就显得很自然了。

有人会问：人是最高级的动物，怎么能降格到"众生平等"的地位呢？其实，高级、低级，只是人类自己的观念，事实如何，却很难说。至少在佛眼里，人并不比任何动物高贵，正如他本人并不比任何人高贵一样。比如，黄金比泥土高贵吗？佛会说：人本自泥土中来，还会回到泥土中去。米饭比粪便高贵吗？佛会说：米饭吃下去就会变成粪

便。人比狗高贵吗？佛会说：你前生就是一条狗。佛是以一种开放的、动态的、超时空的心态看待这个世界，所以他看出了"众生平等"。而我们是以一种狭隘的、僵化的、短视心态看待这个世界，就看出了众生不平等。

我们想达到佛的境界，一时难以办到；但也不能永远停留在过去的境界。如何进修呢？打消做人上人的念头就可以了。大教育家马寅初先生曾建议所有家长们，要教育孩子"不要做人上人，也不要做人下人"，也就是说，要以平等之心待人。中国的问题，90%以上是因为大家想做人上人带来的：你想坐轿子，就需要好几个人在下面抬轿子。正好那些抬轿子的人也想坐轿子，他们就可能扔掉轿子，摔你一个背脊着地。

原因何在？大家都只想做人上人。事实上，有进取心、有上进心是应该提倡的，只是不要去强调自己的地位比别人尊贵。佛法都讲众生平等，这不是只在佛界适用，这是放之四海而皆准的真理。而且，一旦你以这种心理去支配自己的言行，你才能发现和得到应有的幸福。

不以区别心待人，则已是知道众生平等了。

6. 有道之人更谦卑

从谂禅师是赵州一位有名的禅师。有一天，赵王专程去拜访他，此时的他正在禅床上休息，听到侍僧说有客人来访的禀报，非但没有起身，反而躺着对已走进禅房的赵王说道："大王，我现在已经老迈，以至于无力下床接待你，请大王莫怪。"

赵王听后，并未有半点责怪，反而更增加了对从谂禅师的尊重。这次来访的几天之后，赵王便派一位将军给禅师送来礼品。令人意外的是，此次，从谂禅师一听禀报，马上下床到门外相迎。

他座下的一些学僧颇为不解，赵王的部下到来能下床到门外相迎，而赵王亲自驾临时却卧床不起。他们便带着这份疑惑去请示禅师。

从谂禅师听了这些学僧的疑问之后，哈哈大笑一声，转而严肃地说："你们有所不知，老衲的待客之道分为上中下三等：在床上用本来面目接待上等人；下床到客堂里用礼貌接待中等人；用世俗的应酬到门前去迎接下等人。"

由此可见，老禅师心中的有道之人当是谦谦君子，不以地位之尊贵而要求于人，不以别人的不敬而计较于人。而无道之人因为没有宽阔的心胸、良好的修养，所以要求别人去迁就他、去尊重他。所以，有道之人才更谦卑。

老子在《道德经》中称有道之士"神情畏畏缩缩，像冬天涉水过河似的"。

古时有个叫正考父的人，当上小官后，走路总是低着头，见了人就礼貌地让在一边；升为大官后，走路时头低得更厉害；当上宰相后，走路就像在地上爬似的，靠墙而行，尽量不走路中间。

这个正考父，为什么官越大胆越小呢？打个比方就比较容易明白了：人生好比攀登高峰，当我们站在平地上时，低头而行也可以，昂首阔步也可以。不小心绊住石头，摔一跟头，反正不疼，不过丢个面子而已，没什么大不了的。若是走在独木桥上，昂首阔步就不妥当了。若是站在悬崖上，能趴在地上走几步就已经很幸运了。官当到很大后，就像站在悬崖边上，胆小是自然的。

但是，有的人为什么官越大越是趾高气扬呢？这是一个智商的问题。有的人处在高位，发现是站在悬崖边上，危险得很；有的人处于高位，以为躺在自己家里，安逸得很。有道无道的差别就在这里。

有道之士，"行事谨小慎微，像四周遍布强敌似的"。

有一次，一位大臣来找郭子仪，到了王府门口，发现门前没人守卫，大门敞着，一直能望到大厅。大臣见无人通报，便径直走到郭子仪的卧房，看见他正在给妻子梳妆。这件事在朝中传开了，众大臣都笑郭子仪的闺房闲情。他的儿子们知道这件事后，很不高兴地对父亲说："父亲德高望重，却不知自爱，似乎不妥吧！"

郭子仪摇了摇头，说道："你们哪懂得我的心意。从前我凭努力和勇敢开创事业，现在我功高位显，多少人眼红我的成就啊！如果我闭门拒客于千里，万一有人诬告我，没人能辩得清楚，可能会招来灭九族的大难。现在我门户大开，一切都摆在别人眼前，没有什么秘密。即使有人想加害于我，也找不到什么借口。你们认为应该打开门平平安安过日子，还是关起门来提心吊胆地过日子呢？"

这个郭子仪就是一个有道之人。他知道"匹夫无罪，怀璧其罪"的道理。一个人成就出众，就必然有人眼红，稍一不慎，就可能惹来不测之灾。所以必然事事考虑周详，如临大敌。

有道之士，"言语谦逊礼貌，像在人家做客似的"，这是因为无论做人做官，总要讲修养、讲文明礼貌！但社会上有一种现象很让人奇怪：地位越崇高的人，态度越谦逊，尽量软其言、温其貌、悦其意，好像生怕对方受到惊吓似的。反而是那些地位低下的人，若有机会展示手中一点小权力，就尽量表现出高高在上的样子，好像生怕吓不住对方似的。这个现象似乎可以这样理解：狮子若不尽量友善，谁敢接近他？小狗汪汪叫，不是想咬人，而是害怕受到伤害。所以，我们看见某个小人物表现出高高在上的姿态时，要有同情心，尽量别伤他的自尊心。

有道之士，"表情慵散脆弱，像春冰将融似的"，给人的感觉好像很容易受到伤害似的。他这副样子并非出于做作，而是出于对事物本质的了解。他知道，他的事业要靠大家帮衬，若无人帮忙，事业越大，垮得越快。所以他才谦虚到谦卑的地步。正因为他好像容易受到伤害，人们就越发不忍心伤害他，而且愿意全力维护他。假如有人想伤害他，这时你就知道他有多强大了！

有道之士，"处世敦厚朴实，像未经斧凿的树木似的"，这是对人情世故、成败规律已经有了透彻的领悟。像我辈这等小人物，还不曾悟道，平时耍个小聪明、说个小谎话、做几件自作聪明的小事，并为之沾沾自喜，以为做人做事就该放聪明一点，但真正的大人物却不是这样，他们有一个共同特点：说话坦诚直率，言无不尽。像《三国演义》里那些小招数，是写给小人物看的，大人物都知道，事情不能这么干，想成功就要走正道、得人心、充实实力。你拿三十六计去跟美国人打仗，有赢的机会吗？你拿《三国演义》去跟大公司竞争，有大获全胜的可能吗？没有！靠小招数是成不了大器的。大人物都悟通了这一点，所以他们抛弃了自作聪明，回复到依道而行的自然之境，这就显得纯朴起来了。

有道之士，"心地宽广通达，像汪洋江海似的"，有大量方能成大器，这跟人生目标有关。

如果你的志向是治理一个国家，在一个国家里，必然有好人坏人，难道你能把那些小偷强盗骗子都杀光吗？没有这个道理！你心里承认好人坏人都是一种必然存在，就比较容易想得通、看得破，心地自然宽广起来了。如果你的志向是管理一家大公司，在一家大公司，必然有勤奋敬业的员工，也必然有得过且过混日子的员工——据盛田昭夫、玛丽·凯什等大企业家的说法，这两种人各占四分之一左右。你心里承认好员工和坏员工都是一种必然存在，就比较容易接受这个事实了，心地也自然宽广起来。

在一个小团队，倒是可能个个优秀。如果你的事业目标很大，想全让好人为你效力，是不可能的。另外，如果你心里有目标，日常遇到什么不如意的事，心里一评估，觉得它对人生目标影响不大，就无所谓了。我们生活中绝大多数事情都不会对人生目标构成威胁，只要你心里有目标，不如意的事就没那么多了，心地能不豁然开朗吗？

有道之士，"外表糊涂混沌，像泥流浊水似的"，这个意思是说，不要那么精明，不要那么清高，能够很容易地跟众人融洽相处。惟其如此，才能建立事业基础！

某女士是一家公司的王牌推销员。她待人一点架子都没有，对谁都和颜悦色。中午休息时，她常跟同事打牌，赌小钱。每局结束，输了她就问：我该出多少？赢了她就问：我该进多少？人家说多少就是多少。有时人家故意说多说少，她也照出不误，一点不知道人家玩了虚招。这么糊涂的一个人，如今她已创办了一家不小的公司，生意做得很红火呢！

由这件事，我们就可以看出那些看起来糊里糊涂的高人，是真糊涂，不是装糊涂。大家都是聪明人，你能装得那么逼真吗？他们的糊涂，不是傻，而是不用心。小菜一碟，玩玩而已，用得着操心吗？在小事上不用心，在大事上专心一意，哪有不成功的道理？有些人专在小事上用心，哪有时间想大事呢？

有道之人是那些比他人更深知为人处世的大道理的人。

第十三章
悟高悟低
不要将自己凌驾于他人之上

　　佛陀说："留连众生。"是讲人必然在众人中做人。佛陀当初抛弃的也只是王位，并非众生。我们都是众生，所以，不要以为我们自己就高于他人之上。

1. 得意时当知抽身而退

春风得意是人人都向往的人生境遇，但得意者绝对不能忘形。对自己的言行举止、姿态形象一定要有清醒的认识，必要时还应知及时抽身而退，否则就很有可能因为太显眼而被命运抛弃。

在狮子与蚊子间曾经有一场大战，按能力说蚊子与狮子无法比拟，但在实战中蚊子却胜利了。因为狮子捕不到它，它却在狮子的眼睛上、耳朵上到处叮"包"，使狮子有力使不上，最后倒把自己抓得头破血流，只得认输，蚊子有了战胜狮子的辉煌战绩，的确风光。于是它得意忘形了，吹着得胜的喇叭到处炫耀，佛祖告诉它一定要小心谨慎，不要那么得意，蚊子却一点都听不进去，最后一不小心，撞到了蜘蛛网上，害怕之极的蚊子求佛祖救它，佛祖摇头，告诉它那是它的归宿，所以蚊子最终成了蜘蛛的美餐。

得意忘形常常会导致身败名裂，古代就有许多的例证。

春秋战国时的智伯，权势一度达到极点，天下诸侯无不畏服。有一次，韩、魏两国的君臣在蓝台宴请他。席间，智伯随意嘲笑戏弄别人。

事后，大臣智果规劝他说："您早点防备灾难吧，灾难很快就要来了！"

智伯哈哈大笑，不以为然地说："灾难由我兴起。我不兴起灾难，谁敢兴起灾难？"

智果说："我不赞成您的说法。《尚书·夏书》说：'每个人都有些不知不觉的过失，怨恨难道要等到它显示出来才予以重视？应该在它还没有形成时就加以防范。'《尚书·周书》又说：'怨恨不在乎大，也不在乎小。'君子能够随时注意小事，所以没有大的灾难。现在您在一次宴会上就羞辱多人，又不及早防备，还说别人'不敢兴起灾难'，不是太掉以轻心了吗？唉，不可没有敬畏之心啊！蚂蚁、蜜蜂都能伤害人，何况是国君、大臣呢？"

对这番话，智伯嗤之以鼻。他根本不相信有人能将灾难降临到他头上。但是，五年后，智伯就被韩、魏、赵三国联手灭掉了。

历史上因为骄横而身败名裂的人实在太多了，因为骄奢而致败的人更是数不胜数。法国著名昏君路易十六就是一个很好的例子。他在凡尔赛宫的生活之奢靡、耗费国家金钱之多，令人叹为观止。当时的凡尔赛宫，位于巴黎城郊，里面有二十九个庭园，四座瞭望台，有喷泉，有瀑布，四季鲜花盛开，极尽娱游之乐。

每当有外国君主或重臣来访，路易十六都一定要在凡尔赛宫开设盛宴，一次宴会下来，动辄就是千万金元，笙歌达旦，作长夜之欢，戏子、歌女、舞妓，日夜不停地出入宫门，跳羽衣舞，唱霓裳曲。凡尔赛宫一年所喝的葡萄酒，就值 79 万法郎之多。此外，单是鱼肉就花费 347 万法郎。至于王宫中所用的宫女、宫人，更是多得令人难以置信。例如御膳房的厨师就有 259 人之多，其主任厨师的年薪是 8 万法郎。国王的秘书官将近千人之多，每个人的年薪是 20 万法郎。王后安唐妮，更是豪阔无度，光是各种手镯，就能值到 800 万法郎，其他的首饰那就更不用说了。她的侍女多达 500 人，每个人的年薪最少也有 1.2 万法郎。总计凡尔赛宫的宫女和侍臣共有 1.6 万人，御用马匹有 8000 余匹，御用车辆百多辆。所以每当路易十六出外巡幸，其行列之壮大有如祭典，无数车马排成一条长蛇阵，大臣们佩紫戴黄，宫女们美服艳装，那种穷奢极欲的威风气派，真是有如天人一般。总计每年王室所花用的金钱竟相当国库总收入的五分之一以上。

路易十六一味"持而盈之"，不知其已，终于促成了大革命的到来。法国人民将他和安唐妮王后都送上了断头台。

一家富贵千家怨，半世功名百世愆。正因其如此，要想长保"金玉

第十三章

悟高悟低
不要将自己凌驾于他人之上

满堂"的富贵光景，必须深知"揣而锐之"的不得当，以及"富贵而骄，自遗其咎"，自取速亡的可畏。

毕竟每个人都是自私的，都希望有所发展。虽说你居功至伟，你若不下来，人家哪有上升的希望呢？所以，当一个人功成名就、已经不大可能更上一层楼时，如果他明智的话，应该退下来，把舞台让给别人表演。这才符合自然之道。

三星集团董事长李健熙在退下来时，开玩笑说："我一个人下台，三星上万人升职，这是一件大好事。"一把手退了，上万人依次升一级，不是上万人升职吗？一个人功成身退，造福万人，这是何等大的功德。

得意之时抽身退，赢得身前身后安。

2. 圣人无名

人生在世，生来平等。造物主并没有让谁光彩照人，名气压人；也没有让谁低三下四，可怜巴巴。成功了，做出了大事业，有了大名声，还是人；没有做出大事业，默默无闻，也依然是造物主的可爱儿女。这样看来，追求名声常常使有些人失去人的天然美好的本性，将纯洁变成芜杂，把天然扭曲为造作，名声的坏处因此就显而易见了。品格修养极好的人就是能不把名当一回事，恢复人生来那种自然、单纯的状态。这就是圣人无名。

能够真正做到无己、无功、无名，心灵无所困扰，行为悠然自在，人活着也就真正实现自由逍遥了。

曾有这样一个故事说：

五根手指开小组会议，主题是：谁是老大？

大拇指首先威风凛凛地说："只要人竖起大拇指，就表示那是最大、最好的象征，所以我是老大。"

食指不服气反驳说："民以食为天，人类在品尝美食时，一定要用我这根食指，所谓'食指大动'，因此我是饮食的代表。不吃饭，你们都不能存在，当然我最大。"

中指也不可一世地说："五指我居中，而且最长，你们应该听命于我才对！"

无名指优雅地说："我虽然叫无名指，但是人类结婚时的钻石戒指，都套在我身上，我全身是名贵的珠宝，你们怎能和我相提并论呢？"

四指各自炫耀自己的伟大及重要性，只有小指默然不语。四根指头吵闹了一阵，发现小指沉默，好奇地问它："你怎么不说话呢？"

小指说："我最小、最后，我怎么和你们相比？"正当它们得意洋洋的时候，小指又说："但是合掌礼拜佛祖圣贤时，我是最靠近佛祖，最靠近圣贤的。"

其他四指听了惭愧地低下了头。从此，它们团结一心，再也没有谈论谁高谁低的问题。

有道是"王侯将相宁有种乎？"权势钱财没有一样不是身外之物，因为这些东西既可以得到，也可以失去。跟别人一样的只有赤条条地来，赤条条地去。这样说来，哪怕你权势通天、腰缠万贯，说到底你也是普通人一个。那么，永远把自己当成普通人对每个人来说都是理所当然的事情。

把庄子的至人无己、神人无功、圣人无名的人生境界，放到我们现实的人生拼搏中，深刻的道理不说，在为人立身上，实在是一种知进知退、达观透彻的处世艺术。

丹麦的政治平民化和公民平等化即使在欧洲也是突出的。这里的官员没有我们一些官员常见的特权和优越感。当地华人介绍，无论多高的官员，家中也无佣人，包括削土豆皮、做饭这样的活都是自己干。哥本哈根是欧洲有名的自行车城，大街的专用自行车道上，骑车的人们络绎不绝。令人吃惊的是，政府的部长们也是骑自行车上下班。他们头上戴着针织帽，手上戴着厚手套，车筐里放着文件包。国会大厦、最高法院和中央政府的门外，都停放着一大片自行车，不怎么像森严的国家机关，倒像我们国内的一所中学。据丹麦人介绍，在国家机关，不管是一般公务员还是高级领导，都是没有公车坐。丹麦官员的平民化确实让人叹为观止。何以如此？首先，在这里的各级官员都是选举产生，谁当镇长，本镇的百姓选举，依此类推。你如摆谱做老爷，马上就得下台。

做人处事，不能以低俗的眼光来衡量一切。你我都是普通人，那些身外的附加值的多少，可以用来衡量一个人的价值的大小，但绝不可以用来标榜自己比别人高贵。特别是对那些有大名望、高地位的人来说，越是把自己看做普通人来处世，影响就越不普通。

圣人无名，大则无形，只有俗人才会标榜自己。

3. 言语低调一点

在言辞上低调是做人的另一重要品质，与人谈话切不可让人听出你有傲气、瞧不起人、教训人、挖苦人的感觉。当你非要阐明问题时，也不可把话说尽说绝。在我们日常工作和生活中，有许多言辞并不是我们非说不可的，因而没有必要唇枪舌剑或信口开河，有些话，说得好未见得能获得好处，弄不好还会有许多是是非非接踵而来。

佛陀说"众生平等"。我们没有什么资本可以压迫他人，可以轻视他人。即使只在言辞上现出了这种苗头也是不可以的。

当年佛陀降生于刹帝利王家，放大智光明，照十方世界。佛陀往东西及南北，各行七步，步步生莲花。他一手指天，一手指地，目顾四方，大声地说："天上天下，惟我独尊。"这是何等的自信！

后来佛陀得道成佛，广度众生，取得如此大的功业当与此种自信不无关系。有一次，年轻的佛陀住在舍卫城郊的吉那林精舍，可撒拉国的巴谢那迪国王听到这个消息之后，首次前往拜访佛陀。国王看到佛陀年纪并不大，就漫不经心地说："老师，听说你已经得到最高的悟境，这是不是真的？"

佛陀满怀信心地回答："是的。如果世界上有人达到最高的悟境，那个人便是我。"

国王听了，愈加轻视："不过，像你这样拥有很多弟子并受人尊敬的沙门、婆罗门的人不计其数，但是，他们始终不敢说自己已经达到最高的悟境呢。何况，你的年纪还轻，出家也不久。"佛陀在 29 岁出家，35 岁悟道，所以当时的年纪还没过 40 岁，故而国王怀有轻视之心。

佛陀却轻轻一笑："国王，请不要以年纪轻来轻视别人。世界上有四种事情是不可小看它的：第一，不要以太子年轻而轻视他；第二，不要以为蛇小而小看它；第三，不要以为火小而忽视它；第四，不可因为比丘年纪小而蔑视他。"

国王听了这些话后，深觉佩服，于是皈依佛陀。

人人都有他各自优秀的一面。所以，即便自己在事业上取得了一定的成绩，或者有了一些特殊的优势，也千万不要傲气十足，牛气冲天，自以为高人一等，处处唱高调，时时摆身份，想怎么说，就怎么说，只图自己痛快，不顾别人感受，迟早会因失语于人而殃及己身。

在一所大学中就曾发生过这样一件事：同住一个宿舍的两名大学生，一个家长是一家公司的经理，他也跟着养成了说一不二、言必压人一头的脾气，另一个性格内向，自尊心很强，家长只是个一般的工人。

第十三章

悟高悟低
不要将自己凌驾于他人之上

当这个性格内向、自尊心很强的同学不幸患上了轻度的肺结核时，同学们都积极地关心他、照顾他，而那个高傲的同学却扬言要把他撵出这个宿舍，以免传染。这话严重伤害了患病同学的自尊心。后来，他们又因晚上睡觉熄灯问题发生争吵，那位高傲的同学本来没理，却蛮横地叫喊："你得给我跪下求饶，否则，你在这寝室住一天，我就欺负你一天！"骂完后，他没事一般地去休息了。那位性格内向的同学，被劝到别的寝室住了一宿。古人说："刀疮易受，恶语难消。"这位被骂的同学再也忍不下去了，他从别处借了一把锤子，在一天深夜，趁那位出口伤人的同学熟睡之际，用锤子向他头部猛击十多下，将他打死，自己也被法律判处了死刑。两个不满二十岁、入学不到一年的大学生，就这样结束了年轻的生命。

是什么害了他们呢？就是盛气凌人的言辞，当然也还有不成熟的性格。这教训不是很惨痛吗？

还有一位大学生毕业后分到一家工厂，起初很得领导赏识，但好景不长，不到一个月，车间主任就对他越来越冷淡。他怎么也弄不明白其中的原委。经一位好心师傅点拨，他才恍然大悟：原来他刚走出学校，讲话爱用术语。什么"程序化"、"控制论"、"结构定向"等。而车间主任是中专毕业生，最烦别人在他面前咬文嚼字，卖弄学识。这位大学生无形中触到了领导的"自卑感"，而致使自己处于不利位置。

平心而论，这位大学生不是要摆架子，卖弄学识，只不过是因为一副学生腔，满口的专业术语引起了别人的反感。这也是某些年轻人的通病，不能不引起注意。俗话说"看菜吃饭，量体裁衣"，"到什么山上唱什么歌"，说话也应考虑适应环境和对象。

分清轻重，不能有一丝一毫轻视他人的嫌疑。

悟语

祸从口出，言语低调一点，则可免许多是非。

4. 做人还需谦虚一点

谦虚的人之所以受人喜爱，就是因为他能认识到自己的不足，同时重视别人的存在，从而时时处处尊重别人，体贴别人，很容易使人与人之间的隔膜和疑心冰消雪释。大而言之，谦虚平和之人既可善始亦可善终。

很久以前，有一座深山。山上古木参天，奇花遍地，人迹罕至。只有潺潺的溪水和偶尔的鸟鸣，才会打破这份宁静。

在这座深山里，住着一老一小两位和尚。老和尚是位得道者，面容清瘦，精神矍铄，雪白的须眉下，双目炯炯有神。小和尚虽然也希望能修得正果，却不愿像老和尚那样整天修行，因此，没有多大的本事。

老和尚经过多年的苦心修炼，有了五种神奇的神通力。老和尚到处寻访仙人，虚心求教，而其他仙人也常常赠给他各种仙果佳酿。老和尚从阎浮罗提来一大篮山上从没见过的瓜果；从北方的邯郸国，他带回了又香又软的大米。老和尚每次带回美味佳肴时，总要唤来小和尚："年轻人，若是心术不正，总有一日你会丧失神通力的。"

可是小和尚对老和尚的苦口良言充耳不闻，反而以为老和尚让他在众人面前出了丑，便到处诽谤老和尚，说是老和尚嫉妒他的本事，见不得年轻人比自己强。

流言传到老和尚那里，他只是淡淡一笑，也不做任何辩解，因为他知道他的预言终有一天会变成现实。

果然，没过多久，小和尚在一次表演中，竟然失足跌下来，众人哄堂大笑。他试图再次拔地而起，却怎么也升不上天空了。小和尚不甘心在众人面前丢人现眼，他一遍遍地施展各种神通，结果都失败了，原来

他的神通力已全部失去了。

一传十，十传百，小和尚失去神通的消息很快传遍了全城。这时，全城百姓都赞扬老和尚品德高尚，本领非凡。同时，纷纷谴责小和尚心胸狭隘，品行低下，最后一致决定把小和尚驱逐出城。

沮丧的小和尚这才懊悔自己不该把老和尚的忠告当成耳旁风，可是一切都已晚了，他只能在众人的斥责声中灰溜溜地离去。

从这个故事里我们可以看出骄矜对人对事的危害性是很大的。这一点古人认识得十分清楚。

《尚书》里说：骄傲、荒淫、矜持、自夸，必将以坏结果而结束。同样的看法在《说苑·丛谈篇》中也有：富贵不与骄傲相约，但骄傲自然而然地随富贵出现了；骄傲和死亡并没有联系，但死亡也会随骄傲而来临。

而《劝忍百箴》中对于骄矜这个问题这样说："金玉满堂，莫之能守。富贵而骄，自取其咎。诸侯骄人则失其国，大夫骄人则失其家。魏侯受田子方之教，不敢以富贵而自多。盖恶终之衅，出于骄夸；死亡之期，定于骄奢。先哲之言，如不听何！昔贾思伯倾身礼士，客怪其谦。答以四字，骄至便衰。斯言有味，噫，可不忍?!"

这段话大意是说：金玉满堂，没有人能够把守住。富贵而骄奢，只会自食其果。国君对人傲慢会失去政权，大夫对人傲慢会失去领地。魏文侯接受了田子方的教诲，不敢以富贵自高自大。骄傲自夸，是出现恶果的先兆；而过于骄奢注定要灭亡。人们如果不听先哲的话，后果将会怎样呢？贾思伯平易近人，礼贤下士，客人不理解其谦虚的原因。贾思伯回答了四个字：骄至便衰。这句话让人回味无穷，是啊！做人怎么能不忍耐呢？

所以，智者深知此道。因而才能常保其盛。

自从电视连续剧《编辑部的故事》播出之后，剧中李冬宝的扮演者葛优，开始大红大紫，成为知名度很高的喜剧明星，接着又拍了《甲方乙方》、《手机》、《天下无贼》等多部影片，赞誉接踵而来，影迷们称他为"葛大爷"，评论界更冠以"丑星"的称号。

面对这些骄人的成绩和荣誉，葛优并没有沾沾自喜，也不想当"葛大爷"和丑星。

一次，葛优出席一部影片的首映式，一位记者采访他："正是因为好多女性看中了你的幽默和潇洒，才觉得你够档次。现在市面上女同胞都亲切地叫你'葛大爷'。"

葛优听罢忙说："不敢，别这样称呼，让我折寿。虽然头上秃了点，还算个潇洒青年。再说，观众是上帝呀，咱不能把辈分颠倒了。若是'上帝'经常来电影院欢度时光，那我情愿喊他们'大爷'……我称不上'丑星'，也不想当什么'明星'。那玩艺儿晚上还有点亮，到白天就看不见了。"

葛优的回答极其幽默，又极其谦虚。

一位哲学家曾说过这样一句话：自夸是明智者所避免的，却是愚蠢者所追求的。

真正的明智者，之所以不会自吹自擂，因为他觉得世界广大，学海无涯，技艺无穷，终其一生，也不能洞悉其中的全部奥秘。

而一些平庸之辈，偏偏满足于一知半解，满足于点滴成绩，他们用富丽堂皇的话装饰自己，以讨得廉价的喝彩。

前面提到的贾思伯，武帝时任成王澄手下的军司。到肃宗和明宗时，又让贾思伯做侍讲，也就是老师。皇帝也跟贾思伯学《春秋》。贾思伯地位虽然很尊贵，但对下人很平易，对贤人很尊重。有人问他："您为什么能做到不骄傲？"贾思伯说："骄傲必然伴随衰败，天下哪有富贵恒定不变的道理？"当时人认为这是很高明的见解。

如果一个人喜欢自大自夸，就算是有了一些美德、有了一些功劳和成绩，也会丧失掉；过分炫耀自己的能力，看不起他人的工作，就会失去自己的功劳。

第十三章

悟高悟低
不要将自己凌驾于他人之上

智者谦而愚者骄；智者长而愚者短。

5. 真正的高贵

有一个傲气十足的富商腆着个大肚子来到寺院，站在财神面前说："你有什么了不起？还不是依靠我的供品，你才能活下去？"

禅师听到后没有生气，他把富商带到窗前说："向外看，告诉我，你看到了什么？"

"看到了许多人。"富商说。

禅师又把他带到一面镜子前，问道："你看到了什么？"

"只看见我自己。"富商回答。

禅师说："玻璃镜和玻璃窗的区别只在于那一层薄薄的银子，这一点点可怜的银子，就叫有的人只看见他自己，而看不见别人了。"

富商面带愧色地离去。

有钱有势并不能说明一个人的高贵，重要的是有了钱有了势，还能保持一种做人的本色和谦虚谨慎、平等待人的心态，这才是真的高贵。

东汉名将冯异，品格高洁，才能出众，在中国历史上赫赫有名。而他的为人处世方法，至今也是值得我们在实际生活中借鉴的样板。

冯异驰骋沙场几十年，战功累累，是汉光武帝刘秀中兴时一员杰出的统帅，但每次战役结束后，诸将并坐论功时，他为了避功，把封赏让给部下，常常独坐在大树下读书思过，因而军中称他为"大树将军"，他有帅才，却从不使气，虽战功赫赫，却仍高标处世，低调做人。

更始元年，大司马刘秀率王霸、冯异等将领历经艰险，攻克邯郸，擒斩王郎，平息叛乱。

冯异在邯郸之战中，千方百计克服种种困难，连夜为夜宿河北晓阳地区的大军筹措粮秣，熬煮稀豆粥，使将士饥寒俱解，恢复战斗力。

刘秀率军行至南宫时，正逢大雨滂沱，寒气逼人，又是冯异四处奔波，取薪燃火，供将士取暖烘衣，送上热气腾腾的麦饭，使官兵衣干腹饱，重上战场。

邯郸之战，刘秀大胜。后来他赞扬冯异"功勋难估，当为头功"。正当刘秀召集将领盘坐旷野论功行赏时，冯异却独自离众，待在一棵老槐树下聚精会神地读《孙子兵法》。当侍卫连拖带拉将冯异带到刘秀跟前时，冯异却对封赏一再推让。实在推托不掉，他便建议将此功让给军中的一名偏将，令这位偏将大受感动。刘秀见冯异淡泊功利，又赏他许多金银，冯异却悉数分给这次作战中表现勇猛的士卒。

冯异的做法，就非常得人心，因此他调动起部下来也得心应手，部卒愿意为他效力，同级之人佩服他，上司也欣赏他。

相对冯异来说，年羹尧就是一个不知深浅的人物，他的胞妹，是雍正帝的贵妃。嗣皇帝登基之初，雍正对年羹尧倍加赏识重用，几乎到了炽热颠狂的程度。首先命其接替允禵署理抚远大将军印务。年羹尧一直在西北前线为朝廷效力。因平定西藏时运粮及守隘之功，封三等公爵，世袭罔替，加太保衔；因平郭罗克功，晋二等公；叙平青海功，晋一等公，给一子爵令其子袭，外加太傅衔。雍正二年八月，年羹尧入觐时，御赐双眼孔雀翎、四团龙补服、黄带、紫辔及金币，恩宠到了无以复加的地步。"一人得道，鸡犬升天"，不但年的亲属倍受恩宠，连家仆也有通过保荐，官做到道员、副将者。

年羹尧对此不但不知收敛，却更加得意忘形，更加骄横，并霸占了蒙古贝勒七信之女，斩杀提督、参将多人，甚至蒙古王公见年羹尧得先

第十三章

悟高悟低
不要将自己凌驾于他人之上

|223|

跪下，以此他遭到了群臣的愤怒和非议，弹劾他的奏章多似雪片。

内阁、詹翰、九卿、科道合词奏言年羹尧的罪恶"罄竹难书"，于是部议尽革年的官职。雍正三年十月，命逮年羹尧来京审讯。十二月，案成。此距发端仅有九个多月。议政王大臣等定年羹尧罪：计有大逆之罪五、欺罔之罪九、僭越之罪十六、狂悖之罪十三、专擅之罪十五、忌刻之罪六、残忍之罪四，共九十二款。

其实雍正帝早就了解年羹尧的所作所为却不加惩处，甚至在一些批示中会令人怀疑他故意纵容年贪污、腐化。但转眼之间，这些行为全成了年羹尧的罪名。

雍正三年十二月，皇帝差步兵统领阿尔图，来到关押年羹尧的囚室传旨说："历观史书所注，不法之臣有之。然当未败露之先，尚皆为守臣节。如尔公行不法，全无忌惮，古来曾有其人乎？朕待尔之恩如天高地厚，愿以尔实心报国，尽去猜疑，一心任用。尔乃作威作福，植党营私，辜恩负德，于结果忍为之乎？……尔悖逆不臣至此，若枉法曲宥，曷以彰宪典而服人心？今宽尔磔死，令尔自裁，尔非草木，虽死亦当感涕也。"年羹尧接旨后即自杀。

年羹尧一案所累多人，他的所作所为给后人敲响了警钟。

所以，高贵不在于你身价几何，即使是一个乞丐，倘若心灵纯洁、品德高尚也是高贵的。而一个恃富欺人、不知容人的人再富有也不能称其为高贵。最难得的是为富不骄、为贵不傲的人。这样的人才可以称之为最难得的高贵。

一个人的高贵取决于精神而不取决于金钱。

6. 先低才能后高

不积跬步无以至千里，不积小流无以成江河。任何事物的发展积聚过程都遵循着这个规律。一个人发展过程同样如此。假如你无法从低微处起步、虚心学习，就永远都无法走到更高的位置。

一个满怀失望的年轻人千里迢迢来到法门寺，对住持释圆说："我一心一意要学丹青，但至今没有找到一个能令我满意的老师。"

释圆笑笑问：　"你走南闯北十几年，真没能找到一个自己的老师吗？"

年轻人深深叹了口气说："许多人都是徒有虚名啊，我见过他们的画帧，有的画技甚至不如我。"

释圆听了，淡淡一笑说："老僧虽然不懂丹青，但也颇爱收集一些名家精品。既然施主的画技不比那些名家逊色，就烦请施主为老僧留下一幅墨宝吧。"说着，便吩咐一个小和尚拿了笔墨纸砚来。

释圆说："老僧的最大嗜好，就是爱品茗饮茶，尤其喜爱那些造型流畅的古朴茶具。施主可否为我画一个茶杯和一个茶壶？"

年轻人听了，说："这还不容易？"

于是调了一砚浓墨，铺开宣纸，寥寥数笔，就画出一个倾斜的水壶和一个造型典雅的茶杯。那水壶的壶嘴正徐徐吐出一脉茶水，注入到了茶杯中。年轻人问释圆："这幅画您满意吗？"

释圆微微一笑，摇了摇头。

释圆说："你画得确实不错，只是把茶壶和茶杯放错位置了。应该是茶杯在上，茶壶在下呀。"

年轻人听了，笑道："大师为何如此糊涂，哪有茶壶往茶杯里注水，而茶杯在上茶壶在下的?"

释圆听了,又微微一笑说:"原来你懂得这个道理啊!你渴望自己的杯子里能注入那些丹青高手的香茗,但你总把自己的杯子放得比那些茶壶还要高,香茗怎么能注入你的杯子里呢?"

所以,只有把自己放低,才能吸纳别人的智慧和经验。才能逐渐积聚各种营养,成海之博大,成山之巍峨。

华勒是堪斯亚建筑工程公司的执行副总裁,几年前他是作为一名送水工被堪斯亚的一支建筑队招聘进来的。华勒并不像其他的送水工那样把水桶搬进来之后就一面抱怨工资太少一面躲在墙角抽烟,他给每一个工人的水壶倒满水,并在工人休息时缠着他们讲解关于建筑的各项工作。很快,这个勤奋好学的人引起了建筑队长的注意。两周后,华勒当上了计时员。

当上计时员的华勒依然勤勤恳恳地工作,他总是早上第一个来,晚上最后一个离开。由于他对所有的建筑工作比如打地基、垒砖、刷泥浆等非常熟悉,当建筑队的负责人不在时,工人们总喜欢问他。一次,负责人看到华勒把旧的红色法兰绒撕开包在日光灯上,以解决施工时没有足够的红灯来照明的困难,负责人决定让这个勤恳又能干的年轻人做自己的助理。

华勒已经成了公司的副总,但他依然特别关注于工作,从不说闲话,也不参与到任何纷争中去。他鼓励大家学习和运用新知识,还常常拟计划、画草图,向大家提出各种好的建议。只要给他时间,他可以把客户希望他做的所有的事做好。

华勒没有什么惊世骇俗的才华,他只是一个穷苦的孩子,一个普普通通的送水工,但是凭着勤奋工作的美德,他幸运地被赏识,并一步一步地成长,成为一个受人尊敬的人。

华勒是一个典型的由低到高地走自己人生旅程的人。而现实中,有许多人有着别人难以企及的高学历却找不到一份合适的工作,是什么原因呢？他们把自己这个"茶杯"放错了位置。而那些能放低位置的人才可以赢得起跳的机遇。

有一位留美计算机博士学成后想在美国找份工作。有个名正言顺的博士头衔，求职的标准当然不能低。结果，他连连碰壁，好多家公司都没录用他。想来想去，他决定收起所有的学位证书，以一种"最低身份"去求职。

不久他就被一家公司录用为程序输入员。这是一个极平常的工作，对他来说简直是高射炮打麻雀，但他仍然干得认认真真，一点儿也不马虎。不久，老板发现他能看出程序中的错误，这可不是一般的程序输入员能比的。这时他才亮出了学士证，老板给他换了个与学士学历相称的工作。

过了一段时间，老板发现他时常提出一些独到的有价值的建议，远比一般大学生要强，这时他亮出了硕士证书，老板见后又提升了他。

再过一段时间，老板觉得他还是与别人不一样，就对他"质询"，此时他才拿出了博士证。这时老板对他的水平已有了全面的认识，毫不犹豫地重用了他。

这位博士最后的职位，也就是他最初理想的目标。

这个博士的办法是聪明的，他先放下身份和架子，甚至让别人看低自己，然后寻找机会全面地展现自己的才华，让别人一次又一次地对他刮目相看，他的形象慢慢变得高大起来。

生活就是如此，当你站得高了，不一定能得到想要的。把心放低了，反而可以由低到高，一步步走向成功。

悟 语

由低到高是一个积聚的过程，由高到低却是一个倾泄的过程。假如你走的是一条由高到低的路，那只能越走越一无所有。